哲學原來這麼有趣

顛覆傳統教學的18堂哲學課

王芳 著　李萍 審定

五南圖書出版公司 印行

使用說明書

圖解哲學知識

用具體而生動的圖解解構哲學難題，
用活潑插畫再現哲學情景。

參考書目

在每一堂課結束後，哲學大師會推薦
一些參考書，讓讀者拓展知識，加深
對課程的理解。

大師課堂

運用穿越時空的手法，邀請18位哲
學大師逐一走進課堂，討論與現代社
會生活密切相關的18個話題 —— 自
己、理念、理性、真理、與生俱來、
生死、悲劇、自由、生活、人生、
經驗、懷疑、正義、他人與自我、真
相、笑、絕望、異化。

哲學大眾化的努力與嘗試

　　1983年高考填志願時，我選擇了哲學專業。這個對許多人來說很冷僻的專業之所以讓我動心，完全緣於高中政治課老師的啟蒙。他是一位返城知青（編註：中國文化大革命參與上山下鄉運動的青年於文革結束後，透過抗爭要求返回城市繼續學業或工作），也是恢復高考後的第一屆大學生。他經常在課堂上飽含深情地講到思考的意義，講到哲學的價值。我似懂非懂，出於對他的敬仰，報考了哲學專業，雖然當時對大學裡的哲學專業究竟學什麼，畢業後又能幹什麼完全一無所知。

　　至今，我以哲學為業已經近三十年。我不僅不後悔當年並不「實際」的選擇，反而非常感謝哲學學習帶給我的一切。我對哲學學習的深刻體會是：學習哲學就要與一流學者、哲學大師對話，不是記住他們說了什麼，而是努力領會他們為什麼這麼說，我還能從什麼方面去補充它或推翻它。哲學的學習不是孤獨者的漫步，而是一場智力較量，是在不斷面對大師的目光中成長。

　　時下速食文化盛行，越來越多的人難以靜下一天，或者哪怕半天時間，默默閱讀和思考只與知識、真理相關，卻無關乎「成功」的哲學專業書。我相信，一本名著流傳千百年，總有它難以抵擋的魅力，一旦深入它，你就一定會被它深深打動。但可惜，而今無數的人止步於「哲學」二字，一看是哲學書，翻動的念頭頓時無影無蹤，哲學正在遠離大眾的常識生活世界。

　　中國化學工業出版社推出的《哲學原來這麼有趣——顛覆傳統教學的18堂哲學課》一書是一本全新的嘗試之作。它選取哲學史（嚴格來說主要是西方哲學史）上的18個人物，對他們的核心觀念做了生動的詮釋，配以圖片、表格，用形象化的表達形

式簡化了深奧的學術概念，真正做到了深入淺出。這極大改變了哲學著作一貫的「刻板印象」，放下身段，拉近距離，與民眾親密接觸。

　　就我內心而言，對這樣的嘗試還是半信半疑的，理念的內容被如此具象化，它的「真諦」被揭示的可能性就大打折扣。在哲學的普及化和哲學的抽象化之間、在哲學的應用性和哲學的純粹性之間是否存在第三條道路？無數的前人曾經做過各種努力，本書及其作者也屬於這樣的可貴努力之一。讓我們拭目以待，未來日子裡讀者諸君的口碑將告訴我們勝算有幾許。

李萍

中國人民大學哲學院

前 言
FOREWORD >>>>

　　親愛的讀者朋友，當你拿起這本《哲學原來這麼有趣——顛覆傳統教學的18堂哲學課》的時候，我猜想，你一定也是一位對哲學比較感興趣的人。同時，我也會對你表示崇敬，因為，哲學一向被人們理解為深奧的學問，而想要弄懂哲學的人都不是一般人。所以，為了我們都非「常人」的默契，首先我要感謝你拿起了這本書。

　　哲學的確深奧，但深奧並不代表難懂。曾經我也以為哲學不是一般人能夠碰觸的，但接觸之後，我還是被它吸引，因為它充滿了神祕色彩和智慧光芒。如果說科學代表的是嚴謹，那麼哲學更多表現為一種智慧。它是一種用心來思考的智慧，一種用心去感受世界的智慧。許多人喜歡哲學，正是喜歡它的這種智慧，我也喜歡這種感覺，同時陶醉於追求這種智慧的過程。

　　我是一個喜歡分享的人，所以，我希望能夠把我對哲學智慧的思考分享給大家，而且多年來，我也一直在努力尋找一種最佳的方式來實現分享，於是，這本有趣的哲學智慧書便誕生了。

　　在這本書中，為了能夠讓讀者們更親密地接觸到哲學的美妙，我以一種虛擬的方式將不同時代的偉大哲學大師聚集到了哲學的課堂上，並以淺顯易懂的語言講述他們的智慧遺產。在課堂的巧妙互動中，將那些哲學原理和當今的社會現實聯繫起來，即使是平時很少接觸哲學的讀者，也一定能夠輕鬆地讀懂其中的道理。

　　在這18堂神祕的哲學課堂裡，幾乎囊括了我們生活、工作、溝通中的各種問題，人生的意義、幸福的嚮往、愛情和婚姻的煩惱、工作的倦怠、對自由的渴望、對正義的追求、對愛的執著……這本書幫助我們解答生活的困惑，解析社會的矛盾。不過，

在此我想提醒每一位讀者，雖然哲學涉及的領域非常廣泛，但哲學並不是「非此即彼」的絕對答案，可能對同一個哲學觀點，不同的哲學大師會有不同的解讀，甚至是相互批評的對立觀點，但這絲毫不會影響我們的思考，因為哲學就是在不斷的打磨中才更加精緻。沒有了爭議就沒有了思考，哲學就無所謂智慧了。因此，在閱讀此書的過程中，不要一味地接受，而要積極地去思考，盡量把自己融入到哲學課堂之中，並跟隨家明、小米一起提問與思考，如此一來，我所期望的作為哲學啟蒙書的目的就達到了。

另外，本書還專門針對哲學原理設計了幽默、有趣的插畫，不僅提高了本書的趣味性，而且還能帶來不一樣的哲學體驗。漫畫銜接文字，文字裝扮人物，讓我們體會一次前無古人的授課方式吧。

當然，如果你在閱讀此書之後還想瞭解更多相關的哲學知識，可以直接參考每位哲學大師推薦的相關哲學著作，雖然它不一定能夠幫你找到想要的答案，但是至少能給你帶來不一樣的體驗和認識，讓你不再迷茫和困惑。既然如此，你還等什麼？趕緊和18位哲學大師展開一段神祕的邂逅吧！

目 錄
CONTENTS >>>>

蘇格拉底老師主講「自己」

哲學到底是什麼？
人為什麼會不快樂？

蘇格拉底（Socrates，西元前469─西元前399）

　　著名的古希臘思想家、哲學家、教育家，他和他的弟子柏拉圖，以及再傳弟子亞里斯多德被並稱為「古希臘三賢」，更被後人廣泛認為是西方哲學的奠基者，就像是東方「述而不作」的孔子。在蘇格拉底以前，希臘的哲學主要研究「自然哲學」，即宇宙的本源是什麼，世界是由什麼構成的等問題。而蘇格拉底認為，人的問題才是哲學研究的關鍵所在，於是他轉而研究人類本身，即研究人類的倫理問題，被後人稱為「倫理哲學」，為哲學研究開創了一個新的領域，使哲學「從天上回到了人間」。蘇格拉底沒有留下任何著作，他的思想和方法主要是借助同時代人的著作傳述，包括柏拉圖、色諾芬等。

「這位同學，妳怎麼站在門口不進去？我們馬上就要開始了，趕緊找個位置坐下吧。」一位滿頭捲髮，留著落腮鬍子，眼睛往外凸，還有個獅子鼻的老者站到林夏身邊說。林夏剛想說：「對不起，我不是……」那位老者已經走進了教室，走上講臺，臺下的所有人都是一副認真的模樣，抬頭看著講臺上的老者。為了不影響別人，林夏只好輕輕地走了進去，坐在了第五排。

李萍老師知識補充站

西方的教育學界有個傳統，即師生關係不是中國式的上下階級關係，而是朋友關係。朋友意味著平等和無所不談，我想只有這樣才能充分質疑和討論，才能實現真正的「教學相長」吧。

「大家好，我是今天來給各位講述哲學第一課的老師蘇格拉底。哦，不，我不想各位把我當成老師，把我當成朋友或者同學都好，並且請原諒一會兒可能會不斷發問的我。」

林夏用手狠狠地掐了一下自己的大腿：「很痛！原來不是在做夢！」她不敢相信，自己竟然親眼看到了生活在西元前的人，這是多麼爆炸性的新聞哪！不過，看了看周圍的人，大家一臉平靜，並沒有因為蘇格拉底的到來而感到吃驚，好像是事先知道了一樣。「莫非只有我是個『意外』？」林夏心裡有些疑惑。

♥ 哲學是什麼

「大家應該對這個『哲學課堂』有所瞭解後才坐在這裡的，那麼也就不需要我再多做解釋了，我們直接進入主題吧。」

「今天是第一天開課，既然是關於哲學的討論，我認為，我有責任先跟大家說說哲學到底是什麼，關於這個問題，我想在座的各位應該也很想瞭解吧。」

「『哲學是什麼？』這真是一個令人頭疼的問題啊！我想問問在座的各位，你們的答案是什麼？」

「哲學就是『愛智慧』，這不是希臘文翻譯過來最原始的意義嘛！」那個之前拿著iPad的少年滿不在乎地說道，似乎對這個問題相當不屑一顧。

「哦，原來是家明同學，很年輕嘛。你的答案很標準，但我想問你，你覺得『愛智慧』具體而言是指什麼？」蘇格拉底老師繼續問道。

「應該就是愛好學問、愛好知識，具體來說也就是愛人類。我覺得，『智慧』是人類所具備的得天獨厚的巨大能力。因此研習哲學，也

我們都是「助產士」

未經審視的生活是不值得過的……

哲學不是一種理論而是一種活動，哲學的結果不是哲學的理論，而是理論的檢驗。

哲學的首要條件乃是對真理的勇氣。

哲學不要求人們信仰它，而只要人們檢驗它。

就是研究人類。」家明回答說。

「那麼，『哲學』到底是一種理論知識，還是一種科學方法呢？」

「很簡單啊，剛剛我所說的『愛智慧』就是哲學最原始的意義，是字面上的意義，是表示哲學研究的對象——人類智慧；而操作起來，『愛智慧』需要有不斷探索的精神，探究知識、探究學問、探究科學，這是一種對待智慧的態度——無止境地探究。所以，哲學應該是理論與實踐兩者的結合體。」說完這些話，連家明自己都有些不可思議，自己居然能夠說出如此深刻而有思想的話來。

「Very good！你的答案很好，令我受益匪淺，你很聰明，真的。」蘇格拉底鼓起掌來，很是高興。但林夏看出來了，是蘇格拉底在引導著那位叫「家明」的學生思考，用提問的方式讓家明給出了自己想要的答案，這的確是非常高超的談話藝術。

「從我之前的『自然哲學』到我之後的『倫理哲學』、『道德哲學』等，沒有一個哲學家能夠對哲學研究什麼給出標準答案，也很少有學問像哲學一樣，對學問本身的研究對象有各種不同的看法。很多人認為，哲學是學問之母，也有人把哲學當作人生導師，更有人認為哲學是人類文明發展過程中走向成熟的必經階段，總之，對這個問題的不同立場形成了各種不同的哲學學派。」

「在此，我想強調一下，之後我所講到的關於我的『智慧』，我不希望你們把它當作你們的『智慧』，**我只想讓我的東西成為你們智慧的『助產士』**，即使是其他哲學家的觀點，你們也應該如此。智慧不應該是由別人告訴你的東西，也不是書本中講的道理，而是你經過深思熟慮、反覆斟酌後所得到的『自己的智慧』。我想，任何一位偉大的哲

李萍老師知識補充站

　　「助產士」一詞很好地說明了在學習過程中，師生各自的位置。老師只是起引導作用，學習的主體還是學生自己。學生要不斷挖掘自身，勤於學習思考，只有如此才能「腹中有物」。如果自己都不積極主動，而腹中空空，那麼再好的「助產士」也幫不了你！

學家都不會想要別人把自己的思想成果『據爲己有』，他們希望更多的人把他們當作『助產士』，親身領略他們哲學思想的迷人風采。」

❤ 蘇格拉底之前的哲學有什麼

「其實，早在我出生前的100多年，哲學就已經出現了，並且哲學思想的爭論相當激烈，不過，他們的哲學觀點主要是探討宇宙的本源是什麼、世界是由什麼構成的、萬物爲什麼而存在等問題，被後人稱之爲『自然哲學』。而我後來出於對國家和人民命運的考慮，轉而研究人類本身，把哲學的目光從世界的本源問題轉到人類身上，關心什麼是人的幸福、什麼是知識等。因此，後人習慣把我作爲一個分界點，將出生在我之前的自然派哲學家稱爲『蘇格拉底之前的哲學家』。」

李萍老師知識補充站

蘇格拉底之前的自然哲學家們的觀點雖然淺顯，但是同樣不可小覷；它們既推動了哲學的進步，又極大地促進了自然科學的產生與發展。

「爲了讓大家對哲學觀念的發展有個完整的認識，我認爲，我有必要把我之前的哲學進行簡單的介紹，希望大家能耐心地聽我說。」

「第一位是泰利斯，被後世稱爲『最早的哲學家』，生活在西元前6世紀。據說，他遊歷過許多國家，在埃及時曾經計算過金字塔的高度，使用的方法是利用自己的影子和身高等長時測量金字塔的影子高度，並用比例關係計算。」

「泰利斯關於萬物之源的觀點是『萬物之源始於水』。我猜測，他應該非常重視水對生命的意義，也許他是看到了乾涸的陸地經過雨水的洗滌後，萬物開始復甦的現象，又或者是他看到了水無時無刻不在變化、流動的事實：氣溫低，水結成冰；氣溫高，水化爲水蒸氣，然後變成雨等。」

蘇格拉底之前的哲學

萬物之源是什麼？

泰利斯

阿那克西曼德

阿那克西美尼

水

未知

氣

萬物之源是水。

大自然由無數個未知且沒有限定的物質構成。

氣體是構成泥土、水、風、雲、石頭、火的物質。

恩培多克勒

恩培多克勒的「四根說」：土、火、氣、水四種元素在流動的過程中按照不同的比例構成了世界中各種物質。

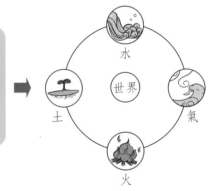

德謨克利特

世界是由「原子」構成的，原子是堅固的、無限的、形狀各異的永恆的物質。

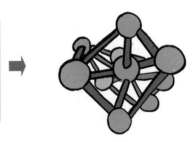

「第二位是阿那克西曼德，他的觀點很特別，他認為人類世界是由沒有限定元素所構成的無數個生生不息的世界之一。很明顯，他並沒有把世界的起源歸因於某一種物質，而認為世界是由無數個沒有名字、沒有限定的未知物質所構成的。」

「第三位哲學家阿那克西美尼認為，世界萬物起源於『氣體』，也就是空氣。他把泰利斯的水的來源歸因於空氣，並且把空氣也作為泥土、火、風、雲、石頭的源頭。」

「以上三位哲學家無疑認定自然界的一切事物必定是由一種基本物質構成的，但恩培多克勒卻贊同赫拉克利特的『所有事物都是流動的』觀點，認為世間所有的事物都不應該是由一種元素組成的，就像空氣無法變成魚，水無法變成蜜蜂等。於是，恩培多克勒相信，大自然是由土、氣、水、火四種元素組成的，這一理論被稱為『四根說』。他指出，所有事物都是由泥土、空氣、水與火按照一定的比例混合而成的，不同的事物所含四元素的比例不同。而且，他還認為促使這些元素聚合在一起創造新事物的力量來自於『愛』與『恨』，愛則聚合，恨則分散。」

赫拉克利特

（約西元前530－西元前470），古希臘哲學家。他本是愛菲斯城邦的王子，但是他卻將王位讓給了他的兄弟，自己則隱居起來。赫拉克利特認為世界的本源是火，火生成萬物，並按照「邏各斯」規則生滅變化，因此萬物都是流動的。

「最後一位要說的自然派哲學家德謨克利特（約西元前460－西元前370），他是『原子論』的代表人物。他認為，每一種事物都是由微小的物質所構成的，而這些微小的物質是永恆不變的，他將其稱之為『原子』。並且，這些原子的形狀各異，堅硬結實，是永恆不變、不可分割的，所以才能夠組合在一起，成為各種不同的物體。這些原子永遠不會消失，即使是一個物體，如一棵樹或一隻兔子，死亡分解後，原子也會分散開來，到處移動，重新進行不同形狀的組合，組成我們看到的事物。因此，德謨克利特贊同事物的『流動性』，但同時又堅信流動的背

後有某種永恆不變、不會消失的東西——原子。」

「現在聽起來，這些幾千年前的哲學思想似乎有些幼稚可笑。呵呵！」一個和藹的老者聲音發出，原來是那位戴著老花眼鏡的爺爺，林夏對他尤其注意，因為他長得酷似她去世多年的祖父。

蘇格拉底彎腰看了看講臺上貼的座位表，笑著說：「這位葛老說得很對呀。用你們現代人的視角來看幾千年前的文明的確是會令人哭笑不得，但是，看『過去』，就應該用過去的目光去理解，然後用現代的知識來審視，這才是進步對嗎？而且，那些哲學家們的思想在當時已經超越了經驗和表象，更脫離了迷信和神話，是用理性去思考世界真相的一大進步了。您說是不是，葛老？」葛老和蘇格拉底老師相視而笑，兩個人看起來就像是老朋友一樣。

♥ 你幸福嗎

蘇格拉底老師繼續說下去：「現在，我想問各位一個問題。你幸福嗎？」臺下頓時陷入了一片安靜。

「幸福」的確是個很難界定的事情，林夏也思考起來：「我幸福嗎？算是幸福吧。父母健在，身體還算健碩；有一個疼愛、理解、包容自己的男朋友，兩人相戀多年，感情穩定；工作也有所成績，深受上級賞識，算是事業有成吧。想來想去，似乎一切都無可挑剔。但是，這是幸福嗎？我還是有很多煩惱，工作的煩惱、與人相處的煩惱……」

蘇格拉底老師環視了四周，看到家明同學似乎有些傷感，於是就請他來說說這個問題。這次，能言善道的家明同學居然有些緊張和結巴：「我……我覺得，自己不配擁有幸福，我不是一個好人。」

大家沒想到看起來有些狂妄自大的家明同學居然也有傷感的一面，會說出這樣的話。林夏也驚住了：「我是一個好人嗎？」

「哈哈，年輕人，你能領悟到這一點很難得呀！不要太過消極，幸福不是來自於他人，而是在於你自己。不知道在座的其他人是否幸福，

我不知道你們的心裡是如何衡量幸福的，但是，據我所知，很多人把『幸福』與物質條件的滿足畫上等號，不是有句流行語說『寧願坐在寶馬車裡哭，也不願意坐在自行車後座上笑』嗎？**也許你問那些追求物質的人『你快樂嗎？』他們會很輕易地回答『快樂』，但是他們對『你幸福嗎？』這個問題卻很難回答。」**

李萍老師知識補充站

與短暫的快樂不同，幸福的產生來自於人們長久而崇高的信念與行動。雖然物質條件是必不可少的，但它絕非最主要的。例如中國古代的文人雖然窮困，但是他們能夠「安貧樂道」，同樣可以幸福，可以「悠然見南山」。幸福與內心相連，只有上進、行善、不苟求，擁有正當的理想並為之奮鬥，才能獲得真正的幸福。

「我曾走訪過很多富人，他們給我的答案都是『不幸福』。所以，我想幸福不僅僅是快樂，而應該是一種至善。那些物質上的滿足只能帶來一時的快樂，而心靈上擠壓著憂慮和煩惱的人是不會真正快樂起來的，那根本不算是幸福，真正幸福或者消除憂慮的最佳方法應該是行善。」

「『知善者才能行善』。『行善』必然要瞭解什麼是『善』，也就是什麼才是對的，而我一貫用我的『良心』來判斷什麼是對的。因為，我認為社會之中並不存在辨別是非對錯的標準，真正辨別是非的能力存在於人的理性中，違背理性就會令自己不快樂。於是，那些明白這一道理的人就會為了快樂而遵照自己的理性行事，必然不會去行惡。因此，明白是非對錯並懂得行善的人才是快樂的。如果一個人做些自己知道是不對的事情，比如誣陷、欺騙、傷害他人，他是不會快樂的，更不會幸福。」

「當然，犯錯的人並不一定都是不幸福的人。我們之所以犯錯是因為我們還沒有明白什麼是對的，所以才需要不斷地學習，學習對的、學習不犯錯，也等於學習如何幸福，這才是最有意義的幸福，否則生活何來動力？」

幸福的定義

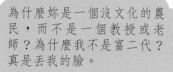

媽,這是您最愛吃的醬鴨。

為什麼妳是一個沒文化的農民,而不是一個教授或老師?為什麼我不是富二代?真是丟我的臉。

我的母親是一位偉大的女性,在別人眼中她是一個土氣的農村婦女,但在我眼中,她是最美的。

我的母親是××大學的教授,最近去國外學習……

違背理性會令自己不快樂,做自己知道是不對的事情更不會幸福。幸福是知善而行善。

❤ 認識你自己

「我至今仍然很遺憾，我是那樣地關心國家和人民，卻被那些審判者控訴為『宣揚新的神明，腐化青年人』。為了讓所有人都開始思考自身，開始把關注自然的視角轉到關注人類自身，我不斷地用辯論的方式激發年輕人思考和探索。我做了什麼？我只是提出問題而已。」

「我自認為我是一個『油嘴滑舌』的人，我是一個『一無所知』的人，現在我也是這樣認為，我希望能夠透過對話這種最快捷的方式向他人請教。不過，很可惜，很多人最後都被我問得連自己也好像不懂了。後來，世人就把我的這種『求學』方法稱之為辯證法，你們現在應該非常瞭解，有些人應該也很擅長，我就不多做解釋了。不過，我還是想強調一下，辯證法是思考哲學問題最簡單最實用的方法。有時候，為了真理做一回『小丑』又何妨呢？」

「老師，當初德爾菲神諭說您是雅典最聰明的人。您怎麼看呢？」林夏都不知道自己為什麼會問出這個問題，當時頭腦裡對蘇格拉底的認識只有這個了。

「我曾經並不認為自己聰明，反之，我認為自己只知道一件事，那就是我是一個一無所知的人。後來，神諭顯示沒有比我更有智慧的人了，這讓我很是震驚，我覺得這是一個超級笑話。於是，我直接去找了雅典城內公認的聰明人一一詢問，結果，那些人都無法回答我的問題，這才令我相信神諭是對的。」

「不過，後來我總結了原因。為什麼我比別人更有智慧？原因就在於我擁有無知的這份自知。『最聰明的人是明白自己無知的人』，當眾說出這句話是很危險的，可能會因此而喪命，相比而言，回答問題比問問題要安全得多。」

「我相信，那些領悟到自己對很多事情一無所知並因此而苦惱的人，比那些自稱博學多才實際卻並無所知的人要更聰明。」

「哲學永遠不能只是去專注於自然、專注於他人，而需要思索自

蘇格拉底老師的話

　　我的母親是一位助產士，我後來的工作雖然與接生無關，但我卻像母親一樣做著類似「接生」的工作──幫助別人獲得知識。

身。在我的哲學裡，認識自己比認識世界更為重要，因為人要為自己的知識奠定基礎，首先就是要認清自己的思想，認清自己知道什麼、不知道什麼，換言之也就是人的理性。」

　　「相信大家都聽過《國王的新衣》這個故事吧，那個脫口而出『國

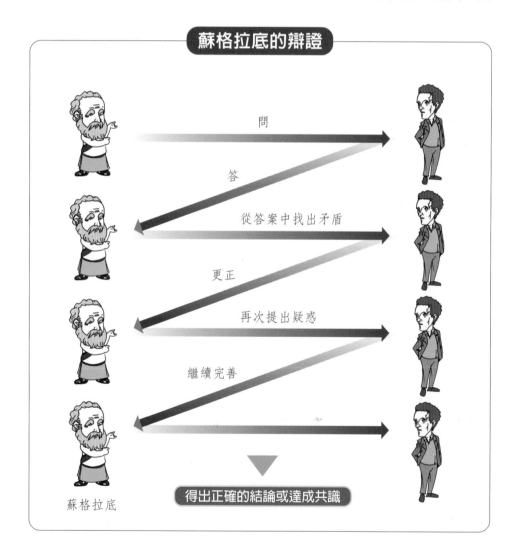

蘇格拉底的辯證

問
答
從答案中找出矛盾
更正
再次提出疑惑
繼續完善

蘇格拉底

得出正確的結論或達成共識

王沒有穿衣服』的小孩是我的偶像。他很勇敢，雖然他是在我之後的很多年才『出現的』，可是他的身上有和我一致的東西——自知。」

「今天的課講到這裡就結束了，我很高興今天能夠站在這裡，希望下次我們還能見面。」

等教室裡的人都走光了，林夏才慢慢地站起來往外走，時間已經不早了，如果是平時不加班的話，她已經在家吃完飯躺在床上悠閒地看書了。她突然產生了一種微妙的感覺，今天會是特別的一天，她的生活可能會因此而有所改變。

 蘇格拉底老師推薦的參考書

《回憶蘇格拉底》色諾芬著。本書是蘇格拉底的學生色諾芬編寫的一本學術紀實文學，他回憶了蘇格拉底一生的言行，著重講述了蘇格拉底對政治、宗教和道德等問題的看法。

MEMO

柏拉圖老師主講「理念」

既然那麼多人離婚，又為什麼要結婚呢？……國家應該由誰領導？

柏拉圖（Plato，公元前427─公元前347）

　　古希臘偉大的哲學家，也是全部西方哲學乃至整個西方文化最偉大的哲學家和思想家之一。他是蘇格拉底的學生，又是亞里斯多德的老師，並在雅典創立了「柏拉圖學院」，該學院延續了九百餘年，對後世產生了極大的影響。他的大部分作品都是對話體，達到了哲學和文學的高度統一。其代表作有《對話錄》、《理想國》、《法篇》、《蘇格拉底的申辯》等，另外還留存了許多封書信。

今天，林夏又被老媽數落了一頓──「妳都多大了，還不結婚！要說妳沒有對象，倒也能理解，可是妳都談了六七年了，兩個人都還沒有結婚的意思，妳真打算讓我們二老等到頭髮都白了呀！」

「唉……」林夏長嘆一口氣，這次在同事面前真是丟盡了臉。上午老媽在電話那頭的咆哮聲幾乎都傳到了兩公尺外，辦公室的同事差不多都聽到了。最後，林夏被迫上了近一個小時的「課」，老媽才掛掉電話。其實，林夏並不是不打算結婚，只是覺得維持現狀很好，男友和她現在都處在事業的衝刺期，還不想太早結婚，兩個人都很享受現在這樣自在的生活。林夏非常不贊同「相識─戀愛─結婚─生子」的生活模式，認為「婚姻就是愛情的墳墓」，如今的時代文化已經不應該再被那些傳統觀念所束縛了。

也許，正是因為類似林夏這樣的想法越來越普遍，才令如今的社會出現越來越多的晚婚現象，那些「婚姻為大」的傳統觀念正一步步地被「戀愛至上」的觀念所取代。所以，我們不得不開始質疑：「人一定要結婚嗎？」、「婚姻等於幸福嗎？」

♥「戀愛─結婚」是絕對的真理嗎

為了逃離同事們異樣的眼光，到了下班時間，林夏就衝出辦公室。時間尚早，她不知該去哪裡，又不想回家，突然想起昨天的那堂課，想起了「蘇格拉底老師」，於是就快步朝昨天的那個巷弄走去……

「大家晚上好，我是柏拉圖。現在是晚上7點半，看來我遲到了半個小時，我感到非常抱歉。為了表達我的歉意，我會盡量讓今天的課更加有趣。哦，對了，不要一直盯著我的衣著議論，這是不禮貌的，這件衣服可是我最喜歡的，你們不覺得很帥嗎？哦，我忘記了，你們是不是覺得一定要穿上襯衫和西裝，繫上領帶才算是正裝？那些穿西裝、打領帶的男士真的喜歡那樣穿嗎？穿上了西裝，打了領帶就一定是紳士嗎？似乎的確如此，因為很多人都覺得穿西裝打領帶的人很帥，當然，我除外。」突然一個陌生人走進教室，沒緣由地說出一段沒頭沒腦的話，令在場的人都面面相覷。

聽到這些話，林夏不禁笑了起來──「是呀，每次看到穿西裝、打領帶的男士我都會忍不住猜想那人是做什麼工作的，要不是軟體工程師，就是銀行經理，但絕不會想到裝修工人。」

「現在我想問一個問題，大家說說，戀愛的最終結局就一定是結婚，不管是不是和自己愛的那個人結婚，人最終必須走向結婚這條路，對不對？」柏拉圖問道。

「當然如此，『結婚生子』是每個人的責任和義務，結婚不僅僅是

戀愛就要結婚嗎

現在的一些年輕人堅持單身主義，只戀愛不結婚。那就是不負責任的表現，結婚不只是兩個人的事，而是兩個家庭的事！

婚姻的幸福，戀愛也能給予；而婚姻的不幸，戀愛是可以避免的。現在，戀愛就要結婚的觀念早就落伍了。

一定要結婚嗎？能只談戀愛不結婚嗎？

兩個人的事，更是兩個家庭的事。現在有很多年輕人都不聽父母的話，不願結婚，這都是不負責任的態度。」葛老似乎有些怒氣。

「我不認同。現在越來越多的人都選擇戀愛，而放棄結婚。我覺得這是一種進步觀念，是一種自由意識，說明人們已經開始突破傳統觀念的束縛，逐漸走向『絕對自由』了。婚姻所帶來的幸福，戀愛也能夠給予，但是婚姻所造成的不幸，卻是戀愛可以避免的。所以，為什麼非要選擇可能會造成不幸的婚姻呢？」說話的是小米，因為最近小米的姐姐和姐夫吵架，兩人正在鬧離婚，所以小米也受到了影響，原本就不信任婚姻的她對婚姻更加不信任了。

聽到這兩人的話，林夏心裡也泛起了漣漪──「難道我真的是選擇戀愛，放棄結婚嗎？不，不是。我只是暫時不結婚，是晚婚而不是不婚，最終我還是會結婚，組建一個真正屬於自己的家庭。」

李萍老師知識補充站

柏拉圖認為，現實事物都是對理念的模仿，因此兩個人結婚是對完滿的婚姻理念的模仿。我們為什麼結婚？因為異性的理想狀態就是結婚！這就是柏拉圖的邏輯。顯然，在柏拉圖那裡，婚姻的理由存在於外部（理念），而我認為理由就在我們心中。

柏拉圖老師說：「呵呵，是呀，現在越來越多的人選擇晚婚，當然也有一部分人堅持不婚，這的確讓長輩們很苦惱。隨著如今相親節目的火熱和大齡剩女的增多，我們反思晚婚率逐漸飆升的同時也不得不承認，社會離婚率也在增長。那麼，離婚率高可以作為不結婚或晚婚的理由嗎？不，我相信，大多數人不會如此，而且也不應該如此。人最終還是應該結婚的，因為這是我們每個人都在追求的理想狀態，我把它稱為『理念』或者『理型』，這是我的哲學理論的基本論點，涉及很多方面，大家可要仔細聽了。」

「我關心的是世間永恆不變的事物，我認為自然界中有形的東西是『流動』的，所以世間才不存在不會分解的『物質』。雖然這些物質會受時間侵蝕，但做成這些東西的『模子』或『形式』是永恆不變的。」

說到這裡，柏拉圖老師轉身在黑板上畫了一個矩形，接著又畫了一個圓。然後他繼續說道：「我想問問大家，我畫的是什麼形狀？」

「是一個矩形和一個圓形。」家明搶先回答出來。

柏拉圖老師等待了幾秒鐘說：「沒有人站出來反對，看來是同意家明同學的回答了。準確地說，我畫的不算是矩形或圓形，因為我沒有使用任何三角板或圓規，只能說它們近似矩形或圓形。但是，即便如此，大家還是都會不約而同地認為我畫的是矩形和圓形，為什麼呢？原因就在我們的腦海裡存在著一個永恆不變且固定的矩形或圓形的理念。理念是不會改變的，它是看不見摸不著的東西，我們也可以將其稱為一種永遠的理想狀態。與之相反，那些我們能夠感覺到的個體則是會改變的，是流動的，是會隨著時間的流逝產生或消亡的。而那種永恆不變的理念

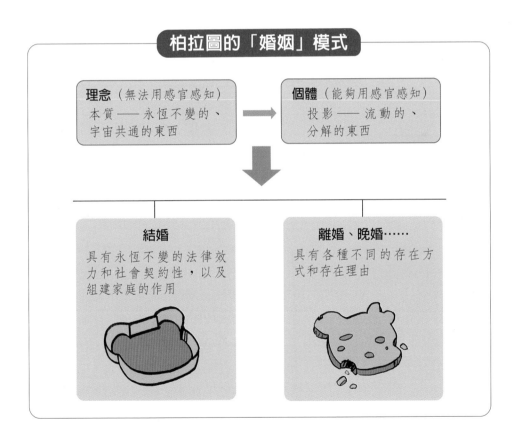

柏拉圖的「婚姻」模式

理念（無法用感官感知）
本質——永恆不變的、宇宙共通的東西

個體（能夠用感官感知）
投影——流動的、分解的東西

結婚
具有永恆不變的法律效力和社會契約性，以及組建家庭的作用

離婚、晚婚……
具有各種不同的存在方式和存在理由

就好比是做餅乾的模子，從模子裡做出來的缺一角或少一邊的餅乾就好比是那些我們能夠感覺到的流動的個體，即使那些缺邊少角的餅乾和模子不完全一樣，但我們從一個個『不完美』的餅乾身上還是能看出其『完美』的模子形狀。」

「因此，結婚就是一種不變的理念，只要存在這種理念，就必然會產生出各種不同的結果，比如離婚、晚婚、早婚、不婚等，而這些各不相同的結果的最終來源還是『結婚』。」

「既然如此，為什麼人還是會選擇結婚，為什麼還要有結婚這種模式呢？」小米的這個問題似乎是很多人都想問的，其他的聽眾也深有感觸地點了點頭。

「是呀，這個問題已經成為一種普遍現象了。很多人結婚的原因都不盡相同，有的人是出於愛情，有的人是出於責任，有的人是為了解決經濟問題，有的人是為了獲取一種安全感……但是，不管是什麼原因，他們選擇結婚都是有其共同的理由的，這個理由是婚姻所具備的永恆不變性，其中之一就是婚姻具有法律效力，夫妻雙方都在婚姻中受法律的約束。再者就是社會約定俗成對婚姻的界定，夫妻雙方必須忠誠、必須承擔責任，以及婚姻是家庭構成的標誌，如果想要構建家庭，婚姻是必須存在的，想要穩固愛情的人更需要婚姻。」

「所以，結婚這個理念在人們意識中還是美好的、幸福的，而離婚等不幸只是結婚這個理念的投影，是流動的、消亡的。『重婚』便是最明顯的證據。不管怎麼樣，**離婚的避免不在於是否結婚，而在於如何經營婚姻，如何把婚姻變成自己所追求的理想狀態**，這和如何用一個模子做出完美、無殘缺的餅乾是一樣的。」

李萍老師知識補充站

因害怕離婚而不去結婚，因害怕失去而拒絕擁有，這是極其愚蠢的想法和做法。一切事物都有向各方面發展的可能性，我們所要做的是真心付出、好好經營，只有如此，向好的方面發展的可能性才能大大增加，甚至變為必然性，這樣的過程和經歷才是最重要的。生活不就是如此嗎？人終有一死，不過有誰會僅僅因此而放棄生命呢？

「哦，我明白了。其實也就是說，『結婚』是個理念世界，這個世界的本質是永恆且完全的真理世界，但是我們每個個體在這一理念下的行為都有不完全的地方，比如離婚、晚婚，當然也有完美的婚姻或者出於責任而勉強經營的婚姻等，總之各種不同的婚姻模式，都是容易改變的、能被察覺的世界，是理念的投影。對嗎？」家明冷靜地說出這段話，似乎費了很大的功夫。

「年輕人，頭腦反應很快，理解得也很透徹，回答得很好。」柏拉圖老師高興地說道。

♥ 婚姻是永恆不變的嗎

「聽您的意思，在我們感官世界之外存在一個永恆的、完全的、本質的世界。那麼婚姻到底是不是永恆的呢？」小米對關於「婚姻」的話題一直都如此執著。

「我相信，一切事物都有一個永恆的本質的東西存在，這個東西存在於自然界各種現象的背後，是永恆不變的模式，這就是『理念』或『理型』，並且，真正的真理只有一個──來自於『理智』。」

柏拉圖老師的話

不知道自己無知，乃是雙倍的無知。

「你問我『婚姻是不是永恆的？』大概也是因為不完美的婚姻讓你對它的永恆性產生了懷疑，但是，這並不是婚姻的本質，而是婚姻的投射，是你對婚姻的感覺。因為，你的婚姻或他的婚姻都只有你和他體驗過、感受過，僅僅存在於你和他的世界裡，其他人都不可能體會到、認識到。可以說，那只是存在於你或者他的感官世界裡的婚姻，所以，你們認識的『婚姻』就不可能是永恆不變的，那不是婚姻的理念。」

「在我的理論中，人們對於那些不斷改變的事物不可能會有真正的認識。人們只有對於那些運用理智來瞭解的事物才會有真正的認識，對

婚姻的表象

　　兩個人的婚姻只有他們自己才有體驗和感受，我們外人所看到的都只是我們的主觀認識，不是來自於理智的認識，不是永恆的婚姻理念。

哼！既然妳圖財、我圖色，那麼我自然不能虧本，財產婚前我就已經轉移了。

成為了夫妻，你的財產就有一半是我的了。

看，那對夫妻郎才女貌，多麼恩愛，讓人羨慕。

唉，再堅持兩分鐘，老婆的胃不好，不能一直生氣，還是我投降吧。

老公，我不想和你吵架，你就哄哄我嘛。

唉，這對小夫妻三天兩頭地吵架，這往後的日子還怎麼過呀！

於那些屬於感官世界的具體事物只能當作參考意見。舉個例子來說，假如你從沒有見過做餅乾的模子，當你看到一個個成形的餅乾之後，你可以非常確定這個餅乾的完美模樣是什麼樣的，即使是有的少了尾巴、有的少了耳朵等，你也可以猜到它完整時的模樣。因為這是我們的理智告訴我們的。而且，縱然是你親眼看到了模子，也不一定就能從視覺觀察中得到正確的認知，因為有時候感官的認知不一定值得信任，視覺能力也是因人而異和受環境干擾的。但是，理智是人人都相同的。」

「我認為，理智是最美妙的一種東西，就像數學是非常吸引人的學科，是我們可以真正瞭解的狀態，是永遠不會改變的。我們知道一個三角形的內角和是180度，不管我們畫得多麼不規則或者形狀不一，但是我們都知道三角形的內角和是180度，我們仍然能清晰地想像出三角形的樣子。就好比對於『3×5=15』，大家永遠不會得出『10、14、18』等不同的答案，但對於『什麼顏色能令人開心？』這個問題卻會產生各種不同的答案，這就是理性與感覺的不同。因此，真正的知識是來源於理性的，理性永遠是宇宙共通的永恆不變的事物。即使這個世界出現了各種奇怪顏色的馬，『理型』的馬也一定是有四肢、有尾巴、有毛髮的。」

葛老輕輕咳了一聲，說：「這就是哲學家的個性吧，總是努力掌握這個世界永恆不變的事物。」

♥ 是否存在不朽的靈魂

「既然如此，我想問一問，人是否也是永恆的？人的理型、理念是什麼？因為人是會死的、會消失的。」這次問話的是一向坐在角落、不愛說話的余意。余意是從國外留學歸來的，掛著「海歸」的頭銜並沒有給他帶來多少便利，反而給他造成了很多困擾。

「的確，這是個好問題。在感官世界裡，沒有永恆不變的事物，每一件事情都是流動、變化的，這裡面存在著生死消亡的事情，比如動物會死、屍體會腐爛、石頭會被風化，人也會老、會死等。但是，在理型

柏拉圖的洞穴理論

　　柏拉圖用洞穴的黑暗世界與外界的美麗世界的對比，來說明自然世界的形式與理念世界的關係，他並非說感官裡的自然世界是無趣的，而是相對於鮮明、清晰、奇妙的理念世界而言，它確實顯得有些平凡和無趣。

的世界裡，存在著感官世界無法覺察的永恆的理型、理念或者形式。我認為，那就是被叫做『靈魂』的東西。」

　　「人是一種具有雙重性質的生物，我們處在不斷變化之中，且每

時每刻都和感官世界相聯繫，這一點和世界上的其他生物都是一樣的，是以身體的存在為基礎的，同時也意味著其主觀性和不可靠性。但是，身體的存在之外，人還具有一個不朽的靈魂，這個靈魂就是人的理性世界，不是感官可以感知的物質。而這種理性是人天生就具備的，以潛在的方式存在於人的靈魂之中。於是，當人們看到某個事物的時候，靈魂便能回憶起那個事物在理念世界裡的完美形象。因此，我認為，真正的知識不是對物質世界的感受，而是對理念世界的回憶。」

李萍老師知識補充站

柏拉圖老師認為，理念存在於我們的靈魂之中，它們不存在於感官世界裡，理念是與生俱來的，我們透過「回憶」就能認識理念，從而獲得真正的知識。

「可是，大家知道嗎，很多人只是抱著對物質世界的感受不放，很少能夠真正地釋放自己的靈魂，踏上回歸理念的旅程。他們把自己看到的理念的投影當作是真正的知識，從不去思考影子背後的真實。用『洞穴』的比喻來解釋這個問題最為恰當。」

「什麼是『洞穴理論』呢？很多人一直住在黑暗的地下洞穴中，他們被捆綁著手腳，背向洞口，坐在地上，除了背後投射來的人、物的影子，他們什麼也看不到。於是，他們便認為世間唯一存在的事物便是那些影子。後來，有一個人設法掙脫了枷鎖，他要去看看自己看到的那些影子從何而來。於是，他便看到了背後真實存在的人和物，他感到非常驚訝和驚喜。然後，他想方設法穿過牆壁，越過洞口，來到外面的世界，感受到了大自然的美，看到了真實的具有色彩和形狀的物體。事情到此還沒有結束，他還要問這些花、草、動物從何而來，然後他看到了太陽、水、大地之間的聯繫，悟出了生命的源頭，就像是那些影子的來源一樣。」

「哦，事情結束了嗎？那個人從此在洞穴外的美麗世界幸福地生活下去了嗎？不，他想到了那些還被困在洞裡的人，於是又回去說服那些人走出洞穴看看真實的世界，讓他們相信牆壁上的影子只不過是事物的

投射罷了。可是，洞裡的人不相信他，反而將他殺死了。而那個被殺死的人就是哲學家，此刻我想起了我的老師蘇格拉底，他正是為了給世人照亮真理之路而被殺死的。」

「老師，我有些糊塗了。難道我們看到的、感覺到的自然世界就像那洞穴一樣黑暗嗎？如果沒有感官世界的認知，我們又如何得出真理世界的本質呢？」小米弱弱地問出了心中疑惑。

「呵呵，我並不是說感官世界裡的大自然就是黑暗的，只是用洞穴的黑暗世界與外面的美麗世界的對比，來說明自然世界的形式與理念世界的關係，我並非說感官裡的自然世界就是無趣的，而是相對於鮮明、清晰、奇妙的理念世界而言，它的確顯得有些平凡和無趣。一幅油畫並不醜，但再怎麼漂亮，它還只是一幅畫，與真實存在的風景無法相比。你們說是不是？」柏拉圖老師整了整衣服的皺褶說道。

♡ 理想國 —— 哲學之國

柏拉圖老師繼續說：「關於這個『洞穴』的描述，我記載在我的《理想國》中了，那麼我現在就來說說我的『理想國』吧，換句話說就是我的政治理想。」

「剛剛我不是講過了哲學家幫助那些只知道影子的人認識真實的世界 —— 理念世界嗎？其實那就是哲學家的責任和使命，哲學家的存在意義就是幫助人們認識真理、獲得知識，國家也應該讓哲學家來治理，就這麼簡單，這就是我的理想國 —— 哲學統治的國家。」

「我認為，人是無法獨立生活的，必須組合成一個集體才能生存，在這個集體中只有大家分工合作才能保衛整個國家，包括生產者、戰士、

柏拉圖老師的話

　　除非哲學家成為我們這些國家的國王，或者，我們目前稱之為國王和統治者的那些人物，能嚴肅認真地追求智慧，否則，國家、全人類都將永無寧日。

領導者等。就個體而言也是如此，一個人的靈魂主要是由頭、胸、腹三部分構成，這三部分分別對應了三種能力，頭部對應『理性』，胸部對應『意志』，腹部對應『欲望』，這三個部分只有相互協作，達到最『和諧』的狀態，人的靈魂才能算是達到了理想的『美德』境界，即理性追求智慧、意志追求勇氣、欲望則加以遏制，達到自制。」

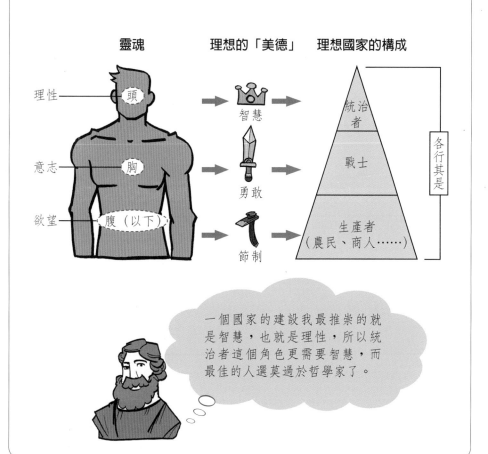

人體與國家

人體需要由頭腦來掌管，國家也應該由哲學家來治理，這樣的國家必然能實現真正的正義。

靈魂　　　　　理想的「美德」　　理想國家的構成

理性 —— 頭　→ 智慧 →

意志 —— 胸　→ 勇敢 →

欲望 —— 腹（以下）　→ 節制 →

統治者

戰士

生產者（農民、商人……）

各行其是

一個國家的建設我最推崇的就是智慧，也就是理性，所以統治者這個角色更需要智慧，而最佳的人選莫過於哲學家了。

「正如人體無法缺少頭、胸、腹一般，一個國家也應該同時具備統治者、戰士、生產者（農民和商人），這個國家才能具備智慧、勇敢和自制的美德，這樣的國家才能夠永恆。不過，在這三者之中，我最推崇的就是智慧，也就是理性。所以，**我推崇用理性來統治國家，而最具備理性的角色莫過於引導人類走向光明的哲學家了。因此，人體需要頭腦來掌管，國家也應該由哲學家來治理，這樣的國家必然能夠實現真正的正義。**」

「哦，聽起來是那麼回事。所以說，您的意思就是作為統治者，應該具備哲學家的思維或是智慧，再者是學習哲學，對嗎？」小米搶先說道，聲音非常洪亮。

「沒錯，的確如此。統治者不論男女，一生下來就應該受哲學訓練才堪以職位。」柏拉圖的聲音剛落，人已經走出了教室，連道別的話都沒有，這時大家才意識到這堂課的時間到了。

林夏聽完了柏拉圖老師的課便離開了教室，獨自一人走在回家的路上，她本該坐公車的，但她卻喜歡上了走在回家的路上回味哲學的滋味，身邊的任何人或事都與她沒有關係，她感到無比輕鬆，連今天在公司丟臉的事情都忘得一乾二淨了。縱然身邊匆匆而過的人不知道她得到了如此寶貴的東西，但是，她自己知道，她剛剛收穫了什麼。而且，此時此刻，她已經有點開始期待明天的哲學課了。

柏拉圖老師推薦的參考書

《**對話錄**》柏拉圖著。內容主要是關於蘇格拉底與他人的對話，大多是蘇格拉底同辯論者之間就某個主題的爭辯，並以對話的形式表達出來。

《**理想國**》柏拉圖著。本書以蘇格拉底為主人翁，透過蘇格拉底與他人的對話探討了包括哲學、倫理、教育、文藝、政治等內容，主要探討理想國家的問題。

《**蘇格拉底的申辯**》柏拉圖著。公元前399年，蘇格拉底因為被告狀不信城邦諸神，引進新神，而被雅典政府審判。在陪審團面前，蘇格拉底做了非常精湛的申辯，雖然最後他還是服從判決服毒而死。這本書描述了蘇格拉底在法庭面前所做的最後的申辯。

第三堂課

康德老師主講「理性」

> 一切事物都存在因果……
> 我們無法證明良心是什麼
> 樣子，但是我們知道它讓
> 我們做什麼。

伊曼努爾‧康德（Immanuel Kant，1724—1804）

　　近代德國哲學家、天文學家，德國古典哲學的創始人。他出生在東普魯士柯尼斯堡，並且一生都沒有旅行到離家80公里以外的地方。他的主要興趣在形上學、知識論和倫理學等方面，並綜合了之前的哲學思想，形成了批判哲學體系，奠定了德國古典哲學觀念論的理論基礎。康德是對現代歐洲最具影響力的思想家之一，也是啟蒙運動最後一位主要哲學家。其代表作品有《純粹理性批判》、《實踐理性批判》、《判斷力批判》、《一切能作為學問而出現的未來形上學之序論》、《永久和平論》等。

　　昨天，林夏回到家後心裡不停地回想起柏拉圖老師在課堂上講的內容。「每一種東西的存在都必然有一個理想的狀態，那種理想狀態是永恆不變的，也是難以實現的。婚姻也是如此。我不能因為害怕非理想的婚姻而放棄婚姻，相反地，我應該為了理想的婚姻而努力，這樣我的愛情才能得到鞏固。」這便是林夏思考了一晚所得出的結論。

　　距離下班時間還有20分鐘，林夏心裡已經開始著急了，工作也幹不下去，就看著電腦桌面上的時間一分一秒地過去，恨不得立刻就飛到昨天的哲學課堂去。

　　終於等到了下班鈴聲響起，林夏抓起包立刻衝出辦公室，留下一臉迷茫和吃驚的同事。終於，在18：50，林夏到達了那棟深藏在巷弄裡的古宅門前，她深呼吸一口氣，有些激動地走了進去……

♥ 不要問知道什麼，而要問能知道什麼

　　當今天的主角登上講臺時，臺下的人一片譁然。「好帥呀！」林夏更是難以平復自己激動的心情，不過，她不是因為對方長得「帥」，而是因為林夏一眼就認出了此人。

　　「大家好，很高興今天能跟大家見面，我是康德，德國的哲學家。千萬不要再用『帥』來形容我了，這個詞已經很久沒用在我身上了。」臺上的那位紳士輕鬆幽默的話語一下子就令全場的氣氛熱鬧起來。

　　沒錯，此人就是18世紀偉大的德國古典哲學家康德。林夏之所以認出他，是因為她曾在旅行的時候去過康德生活了一生的小鎮，並且還在那條著名的「哲學家之路」上奔跑留念，那一次的旅行對她而言是相當深刻的。所以，林夏對康德的印象也極其深刻。更重要的一點是，林夏一直都覺得康德身上有一種特別的氣息，總是能夠吸引周圍人的目光，並且康德還和她極其喜愛的電影《傲慢與偏見》（*Pride & Prejudice*）裡的男主角達西非常像。

　　「不閒聊了，我們趕緊進入今天的主題吧。聽說，昨天來講課的是柏拉圖，哦，你們很幸運，他是一位非常令人敬佩的哲學家，他提出的

『理念』的概念可是在哲學領域產生了不小的震撼，對我而言，更是一個不小的啓發。**我後來的理性哲學觀和他的理念思維就有很多相似之處。**」

「從柏拉圖開始，哲學家們就已經產生了對理性的探索，並且已經對感官認知產生懷疑，在這一點

上我還是非常認同的。不過，在我生活的那段時間，歐洲的哲學正處在理性論和經驗論的爭論之中。理性主義者認爲人類的心靈是所有知識的基礎，就像柏拉圖那樣；而經驗主義者則認爲我們對於世界的瞭解都是從感官而來的。你們支持哪一種呢？」

「我明白，考慮到當時的文化環境，我能夠理解人們的爭議。不過，如果讓我們現在來回答的話，大概多數人都能給出一個辯證的答案。畢竟今日不如往日，我們都知道如何辯證地看問題，所以答案自然是純理性的知識論和經驗論都有局限性，就像凡事都是兩面性一樣，這個世界本身就存在於矛盾之中。」葛老說出這樣的一句話，博得了大多數人的贊同。

「呵呵，沒錯，我也這樣認爲。理性主義和經驗主義都有一部分是正確的，一部分是錯誤的。不過，二者的關注點是相同的：人類對這個世界的認知是怎樣的。我認爲，這個世界的觀念是我們同時透過感官和理性而得到的，我贊同認知必須來自經驗的論斷，但我也肯定人類的理性推導能力；但理性主義者太過重於理性思維，經驗主義者過分注重感官經驗，都是非客觀的。」

「舉個例子來說吧，當一個人的情緒非常低落，心情極爲悲傷時，即使出現在他面前的是靈動如畫的風景，他也不會有任何愉悅的感覺，甚至可能還會適得其反，覺得再美的世界也容不下他，反而令他滋生輕生的念頭；反之，一個滿心歡喜的旅遊者，即使看到一朵鮮豔的小花，

可能都會激動不已，拍照留念。所以說，有時候我們的理性和經驗都不是那麼絕對的。」

「那麼，到底問題的關鍵在哪裡呢？人類的認知能力到底存在著怎樣的奧祕呢？」

「其實，問題的關鍵不在於認識什麼，而在於認識知識的主體；與其問對方知道什麼，倒不如問對方還能知道些什麼，因為人的主體條件決定了他所能認知到的對象。知識是透過感性、知性到理性這三種能力

認知能力的差異

我們透過感官和理性來認識這個世界，但理性主義者太過於注重理性思維，經驗主義者過分注重感官經驗。

哇，真是太美了，簡直就是人間仙境。能夠獨自享受這樣的美，我真是太幸運了。

如此美的風景都無人肯陪我欣賞，老天對我太殘忍了。難道這就是對我的懲罰嗎？這些美景真是浪費！

而被人們掌握的。感性能力只有透過外在事物的刺激才接收到事物的各種現象，然後知性運用概念將這些感性所提供的材料加以整合，而理性所扮演的『角色』則運用推理進行邏輯思維。」

「在我看來，經驗之前還存在著先驗，也就是先於經驗的認識，而知識就是經驗和主體先驗條件的綜合產物，因為我們必定是在受到外界刺激後才產生經驗內容，然後才能確定外在事物的存在，可是，有些過去探索的形上學的問題，例如宇宙的無限、神的存在、靈魂的不滅等，難免會碰到無法透過感官刺激來獲得經驗的知識。所以，我把這些類似無法得到真實刺激而真正存在事物的本質統歸於人類無法認識的『物自體』世界，對於這些物自體，人們可以思考和思索，但是卻無法知道以及準確地認知。事實上對於靈魂是否不滅、神靈是否存在的議題我們無法給出準確的答案。」

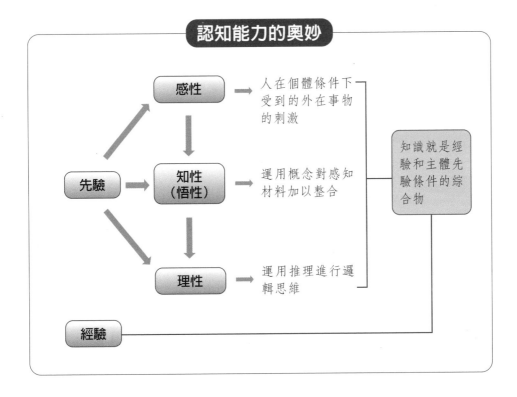

認知能力的奧妙

　　「因此，對於人類的認知能力問題，我們要考慮認識知識的主體能力和條件，不能獨斷地用理性和經驗來判定，而且，對於物自體，有時候我認為知識只是它們的表象，而表象背後的本質是充滿神祕的不確定性，因為我們要承認，人的知識有一定的局限性。那麼，我就將形上學從知識的領域中排除了，探討這些不可知的世界會浪費我們很多時間，最後還可能得不到任何結論。」

　　聽完老師的這些話，臺下有幾個人慢慢地點著頭，好像很贊同康德老師的觀點。

❤ 時間和空間於人類而言是什麼

　　「之前我不是說過一個叫做『先驗』的概念嗎？先驗，顧名思義，就是先於經驗，但又作用於經驗。也就是說，事情並非是人類的親身經驗，但是人類能獲得那些經驗，或者說那些經驗很早就存在，人類透過某些途徑或是探索與觀察獲知了這個經驗，便從此獲得了這方面的經驗知識。就好像某些東西我們並沒有接觸過，但是我們能透過推理或歸納來得出結論。比如，蒼蠅的複眼是它們自己看不到的，自然也不存在它們的經驗內，但是複眼卻令蒼蠅看到不同於人類所看到的世界，而我們卻能透過扮演擁有複眼的蒼蠅來感知蒼蠅的感覺，獲得經驗，並利用這個經驗來展開研究等。」

　　「現在，如果我給你一個黑色的太陽眼鏡，然後你再來看這個教室，那麼你眼裡的世界一定會變成黑色的，然後我再換一個紅色的太陽眼鏡，那麼你看到的世界又會變成紅色。那麼，你會對所有人說你看到的周遭是黑色或紅色的嗎？」

　　「當然不會，估計人家會把你當成傻瓜或瘋子。呵呵。」家明露出一副玩世不恭的模樣。

　　「是呀。我們不會因為看到世界是黑或紅就否定世界實際的狀態。

爲什麼呢？按照經驗主義者的觀點，我們不是從感知獲得經驗認知的嗎，爲什麼不按照感知的事物回答呢？因爲，我們的理性左右了我們獲得的經驗。」

李萍老師知識補充站

時空概念在康德的批判哲學中非常重要，一切事物的存在和發展都離不開時間或空間，大家想想是不是這樣呢？

「我們經常會忽視這樣的一個觀念，那就是我們所看到的事物首先會被看成是時間與空間裡的一個現象，我將其稱之爲兩種『直觀形式』，並且是先於一切經驗的存在。正因爲我們的意識中存在這兩種『形式』，在我們還沒有產生某件事情的經驗之前，就可以知道我們感知的一切事情都是發生在時間與空間中的現象，這就是人類永遠擺脫不掉的『眼鏡』。」康德老師一邊講，一邊用雙手做著演示性動作。

「嗯，這樣理解起來就很簡單，人們天生就具備了時間和空間的先天直觀條件，等於反駁了絕對經驗主義的觀點了。」小米這時發出了一句感慨。昨天聽了柏拉圖老師對婚姻的哲學觀點後，小米對婚姻的認識不再那麼沉重了，人也變得輕鬆了許多。

「你說的也有道理。我們所看見的世界雖然會因爲我們的出生地而不同，但是不管我們生活在哪裡，我們所體驗到的世界都是相繼發生在同一個大的時間和空間裡的過程。比如我們都知道晝夜交替和四季輪迴，這些是我們可以預知的。但是，我們不要僅僅把時間和空間當作物質世界的屬性，它們同樣是人類的認知得以發生的先天條件。如果人類不存在的話，時間和空間有什麼意義呢？」

聽完康德老師的這段話後，臺下的人都有些惶惑和吃驚——「時間和空間到底是主觀的還是客觀的啊？」、「沒有人類存在它們就不存在了嗎？」

康德老師繼續說：「大家不要誤解了我的意思。我是說時間和空間

都有二重性，它們一方面是事物存在和發展的條件，這是眾所周知的物理事實；但是談到知識，它們的存在和發生作用的確有賴於人類的認知結構。時間和空間既是感覺對象呈現自身的平臺和條件，又是我們認識和把握它們的前提和基礎。我認為，人類的心靈並非只是被動地接收外

界的刺激來感知事物、認識事物，而是會主動塑造新事物，就像即使氣候變化不大，我們也知道是秋天到了，因為我們的理性會告訴我們季節的更替。但是，大雁卻不同，它們必須借助自身的本能感知才能知道自己該往南遷徙，而並不知道秋天這個概念的存在。這也是動物與人類的差別。所以，我說時間和空間是人類感知的方式，是屬於人類的條件。」

❤ 因果律是自然的法則嗎

「在進行下一個論點之前，我想先做個小實驗。家明同學，你轉身看看你旁邊的走道上滾來一個皮球。」康德老師說完這話，家明就轉頭往地上看。這時，真有一個皮球滾來，而家明的下一個動作便是扭頭往後看，是誰把球滾來這裡的。

「這邊，那位同學，座位表上沒有妳的名字，沒有關係。妳現在看看你身後的那隻小貓。」康德說完後，林夏轉身一看，那隻小貓發現滾來了一個皮球，立刻警覺起來，用爪子撥弄皮球玩了起來。

正當大家都不明所以、面面相覷之時，康德老師繼續說道：「大家看到了吧，同樣的場景，家明同學和這隻小貓的反應卻不同。家明同學的第一反應是尋找皮球滾來的原因，而小貓卻對皮球本身產生興趣，完全沒有『皮球為何會滾來』的意識。這就是人與動物的區別，人的內心裡根植著因果律。人類能夠知道我們無法感知世界的一些面貌，但是，我們可以根據自己的認識來瞭解世界，我們即使不知道『它』，但是我們知道如何認識『它』或如何瞭解並改變『它』。換句話說，也就是人類在每次經驗之前就可以預知我們的心靈是如何認識事物的。所以，我們自然而然地就做出了『轉頭往後看一下球從何而來』的動作。」

「那麼，為何我們會表現出這樣的特殊反應呢？」發問的是余意，原本就對現任工作不是很滿意的他從來都不會多花費一分鐘的時間加班，而這個哲學課堂已經成為他每天辛苦工作後的唯一慰藉。

皮球實驗

皮球實驗主要是測驗人的因果律，因果律是人類理性的特色，使人與動物區別。

小貓立刻玩起了皮球。

小朋友疑惑球是怎麼滾來的、是誰扔來的。

「我認為原因還在於人的理性，因果律的存在正是人類理性的特色。正因為人類的理性可以感知事物的因果，所以我認為因果律並非物質世界存在的法則，而是存在於我們的心靈，是我們認識事物的方式，是絕對的、永恆不變的，我們無一例外地明白，任何事物的發生都是有一定的原因的。」

康德老師的話

我們的知識來源於經驗，同時也依靠我們心靈的本質。

「之前我說過有一些形上學的問題超出了人類所能理解的程度，所以我將其排除在知識的領域之外，但是，在這裡我還要借助這些問題來說一說。我們之所以永遠無法瞭解這些

康德的因果律

因果律是人類理性的特色，它不是存在於物質世界的法則，而存在於人們的心靈，是人們認識事物的方式。

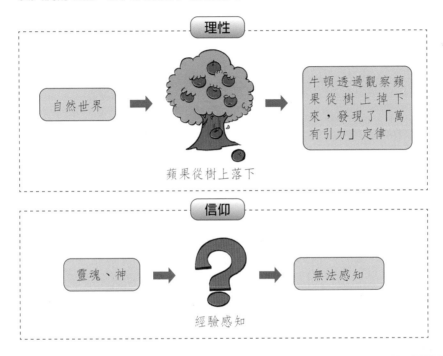

事物，就是因為我們無法找到事件的原因。感官知覺和理性是兩種影響我們認識世界的因素，我們之所以把一些感官材料整合為理性知識儲存在經驗之中，首要的前提就是必須符合理性中的因果特性。譬如說，你看到球從你的後方滾來時，你絕對不會從站在你前方的我身上找原因，你不會往前看。而對於沒有感官材料可以加以處理的問題，正如靈魂是否不朽、神靈是否存在，我們只能被我們的理性告知『停止經驗』吧，因為我們沒有任何相關的經驗加以整合，我們從未體驗過這個未知的宇宙真相。」

「總結而言，一切事物的發生都遵循著因果法則，這種法則存在於

人的心靈，所以事物也會順應心靈的『形狀』，人們認識事物不是觀察事物獲得經驗那麼簡單，而是把認識原理作用於物體上，這就是先驗主義的認識原理，把『觀察』後的東西變得有序，經驗再從中產生。這就是我在知識論上的主要觀點。」

♥ 什麼決定是與非、對與錯

「解決了知識論問題，我又從道德的角度來思考實踐問題。最終建立了我自己的倫理學，下面我就來細細地解釋這個問題。」

「我的倫理學提倡了一種新的人的道德觀，雖然是倫理學，但是其理論來源還是出自我關於理性的理論。正如是非、對錯的判定一樣，經驗主義者休謨認為，我們永遠也不能證明什麼是對的、什麼是錯的，並且無法從『是不是』的語句中得出『該不該』的結論，決定是非對錯的不是理性和經驗中的任何一個，而是感覺。但是，我卻不這樣認為。」

「我向來都認為對與錯、是與非是有明確的差別的，我贊同多數理性主義者的觀點，認為辨別是非的能力是人類天生就具備的，存在於人的理性之中的。也就是說，每個人的心裡都有固有的道德觀念，具有辨別是非的智慧，也叫做『實踐理性』。」

「這樣的說法倒是蠻新穎的。判斷是非的智慧原來是人與生俱來的。」余意不帶任何情緒地發出了一句感慨。

「其實辨別是非的能力就像我們感知事物時的因果關係一樣，我們也能夠感知普遍的道德法則，在我們的道德意識中，這是很基本

李萍老師知識補充站

康德哲學的一個公認的缺陷就是非歷史性，在倫理學上明顯地體現出這一點。他認為人類天生就具有辨別是非善惡的能力。而我並不認同他的觀點，我認為人類的行為標準是從歷史上慢慢沿襲和發展出來的。

的法則，是絕對成立的。不過，這個法則並不像我們日常所說的交通法則那樣具體，它是沒有內容的，是『形式』上的存在。換句話說，它沒有任何特定的情境，不受時間和空間的限制，適用於古往今來的每個社會、每個人。因此，它也不會告訴你在什麼情況下應該做什麼，而是告訴你在所有情況下你應該做什麼。」

「如果一個法則不能告訴你在某個情況下應該怎麼做，那麼它還有什麼作用呢？」這時，余意說出了自己的不解。

「我要強調，我所說的道德法則是『定言令式』的。定言和假言相對，假言是『若……則……』的條件句，定言則是一般的直述句，是命令式，具有強迫性。所以，定言令式就是無條件的陳述命令，是絕對權威的無上律令。這樣說，你是否能明白呢？也就是它和那些所謂的『如果碰到……情況時應該……』的假言是完全不同的。」

「在道德法則面前，想要做到自由並不是一件容易的事情。隨意任性地做自己喜歡的事情並不是理性上的自由人，真正的自由是自己去尋找『應該做什麼』，因為即使別人告訴了你應該做什麼，你也不一定真的能夠自由地行動，更不能為了自己的自由而侵犯到他人的自由。所以，當我們做某件事時，我們必須確定其他人在同樣的情況下也會如此行事，這樣，你才會依據自己內心的道德法則來行事。我的定言令式的意義便是尊重每一個人，而不是把對方當成達到某種目的的手段。同樣的，任何人也不能為了利益而利用自己。」

「這讓我想起了那句『己所不欲，勿施於人』。我突然覺得，我們現在所談的其實就是人的良心，每個人天生就具有良心，不是嗎？」余意同學今天明顯比較健談。

「是的。正如我們無法證明我們的良心告訴我們的事情，但我們仍然知道它一樣，這個放之四海而皆準的道德法則也無法用理性來證明，但是

康德老師的話

　　有兩件事物我越是思考越覺得神奇，心中也越充滿敬畏，那就是我頭頂的星空與我內心的道德準則。它們向我印證了上帝在我頭頂，亦在我心中。

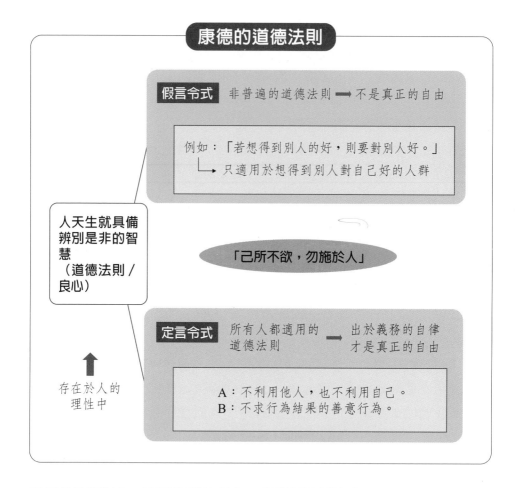

康德的道德法則

假言令式 非普遍的道德法則 ➡ 不是真正的自由

例如：「若想得到別人的好，則要對別人好。」
└→ 只適用於想得到別人對自己好的人群

人天生就具備
辨別是非的智慧
（道德法則／
良心）

「己所不欲，勿施於人」

定言令式 所有人都適用的
道德法則 ➡ 出於義務的自律
才是真正的自由

A：不利用他人，也不利用自己。
B：不求行為結果的善意行為。

存在於人的
理性中

它仍然是絕對的、不可改變的存在。我們無法否定它。」

「可是如果你是為了某種行為能夠帶來好處，或者是能夠享受別人的歡迎而做某件事，那就不算是真正地依據道德的法則行事。當然，你也並沒有違反道德法則。但是，**真正的道德行為是純粹出於義務的責任感所做的行為，只有遵守自己的善良意志（良心）、出於義務而做的自律才是道德的。**」

「所以，您的倫理觀也經常被人們稱之為『義務倫理觀』，對嗎？」余意發現本節課快要結束了，於是便趕緊發問。

「是的。或者叫做『善意的倫理學』。即使是你所資助的孤兒長大

後變成了一個殺人犯或吸毒者，你仍然算是遵守了道德法則，因為你的行為乃是出自善意而為之，跟你的行為後果沒有關係。好了，今天的課就到此結束了，最後祝大家能有一個美好的夜晚。再見。」說完，康德老師便邁著有力的步伐走出了教室，看他那矯健的步伐，絲毫不像已是80歲高齡的老者。

林夏收拾了些東西，便拿起包走出教室。這時，突然碰到了小米。還未來得及打招呼，小米便搶先問道：「座位表上沒有妳的名字。妳是之後來的嗎？」

李萍老師知識補充站

在哲學上主要存在兩種倫理觀：一種是義務論的倫理觀，它以康德為代表，它認為人只要按照善良意志（良心）去行事，就是道德的，不管行為的結果如何；另一種是後果論的倫理觀，它以功利主義流派為代表，它認為人的行為後果如果是對大多數人的幸福有幫助，那就是道德的，不管動機是什麼。

「不是，呃……只是一個機緣巧合。」

「哦，既然是巧合，那麼大家就是有緣。妳好，大家都叫我小米，以後妳也叫我小米吧。」小米伸出握手的姿勢。

「小米，我叫林夏。」林夏微微一笑，伸出右手與小米相握。然後，兩人結伴走出了巷弄……

康德老師推薦的參考書

《純粹理性批判》康德著。本書是康德最具影響力的著作之一，並與其後的《實踐理性批判》和《判斷力批判》並稱為康德「三大批判」。其中，《純粹理性批判》被稱作康德的「第一批判」。本書把理性主義和經驗主義相結合，並以此反駁了大衛‧休謨的經驗主義觀點。在《純粹理性批判》中，康德論證了自然界的因果必然性，在《實踐理性批判》中，他闡述了主體的先驗的自由，在《判斷力批判》中，他是要克服自然的必然性和先驗自由的對立，架設由現象界通向本體界的橋梁，並且成為美學的重要著作。

黑格爾老師主講「眞理」

誰是誰非，到底由什麼來決定？……不是沒有人民就沒有國家，而是沒有國家就沒有人民。

格奧爾格‧威廉‧弗里德里希‧黑格爾（Georg Wilhelm Friedrich Hegel，1770─1831）

　　德國觀念論的代表性哲學家，第一個將哲學體系化的人，並構想了「辯證法」。他的哲學體系可分為邏輯學、自然哲學和精神哲學。黑格爾曾擔任過柏林大學校長的職務，並對普魯士國家改革作出了不朽的貢獻。其主要著作包括《精神現象學》、《邏輯學》、《法哲學原理》等。

　　今天的天氣不是很好，從早上開始，天色就比較昏暗，而且這樣低沉的天氣一直持續到下午茶時間，15：30，天空終於下起了傾盆大雨。

　　因為天氣的原因，很多同事都提早回家了，只剩下一兩個迫不得已的同事仍堅守在自己的崗位上。林夏和同事撐著雨傘一起走向公車站，大家一直閒聊著一些無關緊要的話題。

　　雨明顯已經小了。等車的人越來越多，這時林夏看到不遠處直達哲學課堂的班車快進站了，便匆匆跟同事道聲「再見」就跑向了公車站，而且，完全沒有意識到，她身後的同事正一臉的困惑：「咦，這輛車的路線並不是直達她家的呀？不會是坐錯車了吧！」同事正想叫住林夏，但已是來不及了，林夏的身影很快就消失在了人群中……

♥ 實體即主體

　　林夏一路小跑著來到古宅門口，剛好碰到了也一路奔來的小米，二人相視而笑，互相拍打著身上的雨水。

　　「下車的時候還沒下呢，怎麼突然又落下了雨滴！」

　　「是呀，這天氣真是小孩子的臉，說變就變。」

　　「哈哈，沒想到咱倆都是懶人，連雨傘都懶得撐……我們進去吧。」

　　因為天氣的原因，來的人還不多，可能是被塞在了路上吧，畢竟，現在是下班尖峰期，又趕上下雨，塞車的機率要比平日高得多。

　　大概過了20分鐘，陸陸續續進來了很多人，差不多都到齊了，大家都開始期盼門口即將出現的老師身影，不知道今天即將來上課的老師會是哪一位哲學家。但是，等了許久還是沒有見到任何一位哲學家出現，家明心想：「不會今天的老師也遲到了吧？」

　　突然，從教室後面傳出了說話聲：「好了，人差不多都到齊了，下面我們就開始上課吧。這樣的天氣來迎接我的課，實在是令我難忘呀！」伴隨著聲音的起落，一位面容看似比較嚴肅的老者走向講臺。

　　看著臺下的人還處於驚愕的狀態中，那位老者笑了笑，說：「很

抱歉，以這樣的方式出場，不過大家不要誤會，我只是比較喜歡神祕的感覺，所以，我就以神祕的方式出場了。下面我就來鄭重地自我介紹一下，我是黑格爾，德國哲學家，大家應該都聽過我的名字吧。」

聽了黑格爾的話，大家才恍然大悟，原來今天到來的是一位以**神祕而聞名的哲學家**。

「我想每一位哲學家都會思考『萬事萬物來自哪裡』的問題，關於事物源頭、概念、理念的統一等問題也一直都是主張不同思想觀念的哲學家所爭論不休的，所以今天我要來跟大家細細地說說這個問題——到底實體的本質是什麼、實體和主體之間到底是什麼樣的關係。」

李萍老師知識補充站

　　黑格爾其實並不神祕。他的哲學觀點建立在絕對的理性精神之上，大家知道理性和神祕是對立的。所以他的神祕充其量是將理性精神絕對化的神祕，是一種艱澀與難懂。

「人們通常都會認為，實體就是真實存在的客觀的事物和對象，也就是被掛上『存在』標籤的一切存在。但是，實體又不能概括所有的存在，比如看到一匹白馬就說所有的馬都是白馬，而且人們也不會這樣來定義馬，我們會說馬是植食性的哺乳動物，這些都是所有馬的共性，是馬的主體特色。」

「老師，有個問題我要說說。一個實體的存在即使不符合它的主體特色，我們還是會將其列入主體的行列，比如說馬的尾巴都是很長的，假如一匹馬的尾巴剛好被剪掉了或者是因為某些原因而缺少了一條腿，少了一隻耳朵等，但是我們還是會辨別出那就是一匹馬。這又該怎麼解釋呢？」家明同學發問了。

「這就是主體與實體之間的聯繫了。我認為，如果要解釋這個問題，最合適的答案就是『實體即主體』，這也是我的一個重要的哲學理論。」

「實體是靜止的單一的東西，而這些靜止的、不動的實體自身卻能

黑格爾的辯證過程

　　在上下級關係中，主人和奴隸都不是獨立的，奴隸依附於主人而活命，主人同樣也依附於奴隸才能生存。要獲得獨立，就必須打破這種上下級關係而獲得相同的承認與地位。

 正

想要成為自立的人就要奴役別人（有了主人才有奴隸）。

 反

當奴隸承認你是他的主人時，你才是真正的主人。

放棄支配他人而自立的想法，從自己衡量自己的方式達到自立。雙方相互妥協、互相尊重。

夠引起運動。而主體則是精神自身，也就等同於理念、概念，而這些理念、概念往往在現實中很難真實存在，因為『完美是很難實現的』。而我說『實體即主體』正是因為實體自身存在引起運動的力量，就是說自為存在、純粹的否定性。」

「如果我們深入地思考便會發現，主體就是實體自身發展而來的，實體自身蘊含的內在動力令其成為主體，否定自己，從而作為結果而存在，這就是『否定性力量』。」

「另一方面，我要強調主體應拋棄其主觀性、抽象性，不論是人類自身還是物質事實、思想觀念，進而成為一種創造性的本源。這種創造性不需要借助外界的媒介或刺激，主體自身就能透過創新而創造實體並形成新的意識，並透過意識而不斷完善自身，在這個過程中，主體不僅是在創造實體，而且也完成了對實體的認識。如此一來，世界的運動發展也能得到合理的解釋了。」

「這又是怎麼說呢？」葛老忍不住發問。

「很簡單，我們人類社會、自然環境等各個領域的認識發展和進步都是我們在自身認識的基礎上不斷創新、改造，然後又不斷形成新的認識、拓展新的領域，我們創造了新的主體、豐富了實體，也豐富了我們的認識。難道不是嗎？」黑格爾老師說道。

「我用一個我經常用的奴隸和主人之間的辯證關係來說明自我意識發展的問題吧。」

「過去的社會關係以鬥爭為主，結果導致了透過奴役、支配別人來達成自立的目的，主人不工作並享受休閒娛樂，奴隸努力工作還要被主人奴役。於是更多的主人為了享受更多娛樂就要把更多的人變成自己的奴隸，主人和奴隸這兩個階級就這樣沒有任

莘莘老師知識補充站

　　這是黑格爾的一個非常著名的例子：在上下級關係中，主人和奴隸都不是獨立的，奴隸依附於主人而活命，主人同樣也依附於奴隸才能生存。要獲得獨立，就必須打破這種上下級關係而獲得相同的承認與地位。

何尊重地被禁錮在不和諧的精神狀態中。」

「在主人面前，奴隸感覺到自為存在只是外在的東西或者與自己不相干的東西；在恐懼中他感覺到自為存在只是潛在的；在陶冶事物的勞動中則自為存在成為他自己固有的了，並且他開始意識到他本身是自在自為地存在著的。於是，奴隸便從依賴主人的意識漸漸地發展為獨立的意識，而主人只是滿足和陶醉於奴隸的勞動所提供的種種享受之中，其本來獨立的意識也慢慢轉化為對奴隸的依賴意識。這樣一來，主人和奴隸的關係就奇蹟般地顛倒過來了，主人成了奴隸，而奴隸則成了主人。主人和奴隸、主體和實體在對立中達到辯證的統一。」

「主人逐漸意識到並不是有了主人才有了奴隸，而是只有奴隸承認你是他的主人的時候，你才能真正感覺自己是主人。自此，最初的那個想要靠支配別人來實現自己的自立想法逐漸轉變為靠自己衡量自己的方式而成為自立的人，雙方被禁錮的狀態也從此變成雙方相互妥協、彼此尊重的社會狀態，也就是人們所暢想的和諧世界，一直到和諧社會。」

❤ 世間真的沒有永恆真理嗎

「我想在開始上課前問大家一個問題：你們認為世間有永恆的真理嗎？希望你們在回答的同時能給我一個明確的例子來說明。」黑格爾老師很快又恢復了嚴肅的表情，開始講話。

「我認為應該是有的。因為，生活中有很多這樣的真理，比如說……哦，我手邊的這個橘子，『現在我手裡的這個橘子是黃色的、圓的』，這就是一個真理。你能說不是嗎？」反應迅速的家明似乎有些刁難的意味。

「你問出這個問題，我覺得應該不是表面那麼簡單，細細想來，歷史上的很多真理似乎都有一個發展過程，而且，有些理念似乎在當時的時代被奉為不可侵犯的真理，但是後來還是被世人推翻了，建立了我們

現在的眞理。所以，眞理應該不是永恆的。但是，這是不是意味著在我們死後很多年，現在被我們奉爲眞理的信念也會被推翻呢？這個我還無從得知。」葛老一副很糾結的樣子說道。

「好的，謝謝兩位的答案。不過，我注意到剛剛這位老先生用到了一個詞——『信念』，『眞理的信念』。關於眞理的永恆性，我認爲主要是要探討眞理的精神性和實存性，到底眞理是精神性的，還是實際存在於外部世界之中的呢？按照我們一貫的說法來看，眞理就是被我們奉爲不可更改和質疑的一種事實存在，眞理的存在本身就意味著它的不可改變性，你們是不是都這樣認爲呢？但是，既然如此，爲什麼你要用到『眞理的信念』來描述呢？

黑格爾老師的話

　　無知者是不自由的，因爲和他對立的是一個陌生的世界。

『信念』是一種主觀性的東西，是人類心靈上的一種虔誠的相信。所以，是不是也可以這樣解釋，因爲是眞理，所以我們絕對相信，所以我們把眞理奉爲信念，永遠都不會背叛眞理。」

「剛剛那位年輕人拿著橘子說，他手裡的橘子是黃色的、圓的，那就是眞理。好吧，我承認，這個橘子是存在的，這是我們大家有目共睹的，而且我還要說，他所說的還直接揭示了一個本質，是一個眞正的眞理。那麼，現在呢？大家還認爲他剛剛說的『手裡的橘子是黃色的、圓的』是眞理嗎？」黑格爾老師一邊說，一邊用一根香蕉替代了家明手裡的橘子，並把橘子藏在了自己的身後。

周圍很多同學都搖起了頭，小米首先說道：「現在來看，他說『橘子是黃色的、圓的』，我認爲是錯誤的。因爲橘子消失了，變成了香蕉。如果你告訴我，他手裡曾經有一個橘子是黃色的、圓的，我會很快反駁你的，因爲我沒有看到那個橘子，而我的生活經驗告訴我，有的橘子不是圓的，有的橘子也不是黃色的，所以，我不認爲此時的『橘子是黃色的、圓的』是眞理的說法。」

真理的主觀性

　　黑格爾認為，真理緣於我們的認知，它是主觀的，因此，人的理性之外不會有任何的真理存在。

　　「很好，謝謝這位女士的回答。我們的眼睛就是如此，總是會去捕捉映入眼簾的東西，而當沒有親眼所見的時候，就會開始產生懷疑，同樣對看到的東西也容易相信。」

　　「其實，我這樣做只是想讓大家明白，我們要學會放大我們的視野，不要僅僅局限在『此時』和『此地』，你沒經歷不代表你不知道，你沒看到不代表你就不相信。我同意我們的經驗和對世間萬物的認識都是意識的產物，不過這顯然不是單一個體的意識產物，而是整個人類的意識產物。萬事萬物背後都存在著精神和理念，我們要透過紛繁複雜的現象去看它們後面的本質。只有憑藉自身的理性進行不懈的發掘和思考，我們才能不斷地進步，才能不斷推翻我們以前所自認為的『真理』，接近和把握真正的、永恆的真理。所以說真理既是精神性的，也是客觀的。」

「這眞是一個奇特的觀點。」家明同學不禁發出感慨。

♥ 哲學唯一能掌握的就是歷史

「我知道大家對我的觀點心存質疑，不過沒關係，聽完了我的課，或許你們就會明瞭了。哲學家的職責是探索世界以及人類認識世界的基礎，但有的哲學家往往會忽略『時間』對人類知識的挑戰，甚至認爲人類的知識不受時間限制。」黑格爾老師說道。

「難道不是嗎？」

「不是。恰恰相反，我認爲時間對人類的知識有很大的影響，這一點我和康德都贊同，但我和他側重的點不同，他所說的時間是一種人類經驗，而我要說的時間是『歷史』。我看到的時間是歷史，而哲學唯一能掌握的就只是歷史。」

「我記得，曾經聽過一位中國的老先生說過，『歷史就是知識的泉源』，當時我受到很大的震撼，仔細想來，其實和我的『哲學唯一能掌握的就是歷史』有異曲同工之妙。因爲，**歷史是智慧的來源，哲學就是愛智慧，那麼哲學要掌握的就是歷史了。**」

「但是，歷史是永遠在流動，不斷更新的呀？哲學又如何能抓住這種流動的主體呢？」葛老也有些迷糊了。

「沒錯，歷史是不斷更新著的，但這並不代表我們無法『抓住』它。正如我們已經看過太多植物的生根發芽、開花結果、興衰榮枯，所以我們想知道我們看不到的根部到底是什麼樣子的，但是，我們能得到我們最想要的結果嗎？不能，因爲它一直都在變化著，而且，我們不能像觀察枝幹

李萍老師知識補充站

黑格爾非常強調歷史，因爲歷史代表著理性精神的發展脈絡，從中我們可以收穫很多，他甚至說，哲學就等於哲學史。

歷史就跟樹根一樣，縱然無法看著它變化，但深埋在土壤裡的樹根還是會影響到水、土壤、空氣的品質，同時也受它們的影響。因此，從這些「看得見」的變化，也能看清樹根（歷史）的變化。

和樹葉一樣注視它，我們要的就是它在土裡的狀態，否則就沒有什麼意義了。那麼要怎麼辦呢？」

「其實，很簡單，樹根是變化的，我們不能說在枝繁葉茂的季節時的樹根才是『真實』的，也不能說在樹葉凋零的季節，樹根就不是『真實』的。不管枝幹如何變化，樹根終究會影響到它周圍的土壤品質，終究會受到氣候、水分、土壤品質的影響，或者你觀察之後還會發現，樹根的生長狀況還會受到全球氣候變化的影響。歷史其實就跟這個不斷變

化著的樹根一樣。」

「哦，我好像明白了一些。您是想說，我們看問題不能只看表面，而應該綜合所有的因素一起考慮，對嗎？既然歷史是流動更新的，那我們自然不能只用其中的一段歷史來評斷它，我們要考慮它對整個歷史演變而言是怎樣的狀態。」這時發言的是余意。

黑格爾老師說：「思想的歷史其實就跟這個樹根一樣，它雖然紮根在人們看不到的深處，但是我們不能忽略它，反而還要把它放在重要的位置，因為它關係到整棵植物的生存與滅亡。它既可能受到培植方法的影響，又與生長的條件有關聯，因此，在日常生活中，沒有任何一種方法能夠判定某種思想是絕對正確的或者絕對荒謬的，相反，它們都是暫時的，都只有一定時期的有效性。也就是說，在當時的歷史條件下，它們可能是正確的或者錯誤的。」

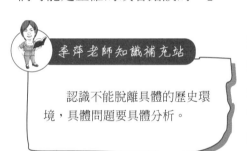

李萍老師知識補充站

認識不能脫離具體的歷史環境，具體問題要具體分析。

「舉個例子來說吧，從現在來看，你肯定會認為封建制度是一種可笑而令人厭惡的社會制度，但是，倘若把你扔回到奴隸社會，你會很期待封建社會的來臨，因為相較於之前的奴隸制度而言，封建制度確實是一個非常偉大的進步。再舉一個更近的例子吧。在中國古代，有一種流傳幾千年的傳統，叫『裹小腳』，大家肯定都聽過，甚至你們的奶奶們可能都經歷過這個舊傳統。現在，如果再讓你們裹小腳，你們肯定是不願意的，而且更不可能理解這種行為。但是，放在幾千年前，或者是幾十年前，那時的女人會以小腳為榮，因為女人的腳越小，在當時的社會就代表越美麗，也代表將來能夠嫁個好人家。我們再看看現在，女人在婚姻中的地位發生了天翻地覆的變化，甚至出現了『男卑女尊』的現象。這是多大的差別呀。」

「我這樣說，大家是否都明白了？哲學思維就是如此，人類的理性

思維是跟著歷史的動態而不斷發展著的，各種眞理也不斷地發展，因爲在這個歷史演變之外，沒有更有力的證據來判定什麼是最合理的、最眞實的。換言之，我不能從任何一個時代挑出一個哲學家，來評價他的哲學觀點是否合理，因爲這樣的思考方式本身就是不對的，是反歷史的。任何哲學家和哲學思想的探討都不能脫離他們的歷史背景，這也是每一位後續學者都應該具備的基本素養。」

「我明白了，歷史就是在不斷總結前人的基礎上擴張新的內容，後來者從來都沒有苛責前者的資格，因爲他們的新收穫正是在對前者的總結和經驗中發展而來的，縱然是新的進步，但也不能拋棄舊的經驗。」發言的還是余意。

「沒錯，我也是一樣，我所說的『眞理』同樣也會像那些枯萎的落葉一樣，變成肥料，傳遞給樹根，然後長出新的樹葉。我也會成爲後來者的批評對象，這個事實你們很快就會從後來的老師那裡得到肯定答案的。」黑格爾老師笑著說道。

「剛剛的那個『裹小腳』的例子倒讓我想起了一部電影——《雪花與祕扇》（Snow Flower and the Secret Fan），是由中國演員李冰冰和韓國演員全智賢主演的，講述的就是圍繞『裹小腳』而展開的兩個平行故事，兩個故事一個是古代背景，一個是現代背景，非常符合『歷史』這個主題。」小米似乎有些激動地說。

「我也看過這個電影，拍得很好。聽老師剛剛所講，每一種思想似乎都以一個前人的舊思想爲基礎，不管是繼承還是批判；而一種新思想被提出來也總是馬上被另一種思想所抵觸，這兩種對立思想之間的緊張狀態最終會以一種綜合思想的提出而得到解除。這樣豈不就是毫無止境地循環下去了？」林夏的突然發言，讓一些人感到很驚訝，小米回頭看看林夏，二人又是很有默契地相視而笑。

「妳說的恰恰就是我之後要講的內容——辯證過程，辯證的過程就是『正——反——合』三個階段。舉個例子來說，我們可以認爲笛卡爾堅持的理性主義爲『正』，與他正好相反的休謨堅持的經驗主義則是

『反』，兩種思潮之間就一直在打拉鋸戰，最終這種緊張的戰爭被康德的『合』觀點給消除了，他既贊同笛卡兒的部分理性主義觀點，又贊成休謨的部分經驗主義觀點。」

「『合』是最理想的一種狀態，但同時也預示著一種新的矛盾即將產生，因為會有新的觀點出現反對『合』的存在，矛盾永遠不會有停止的那一刻。」

「我有一個疑問，『正』和『反』的出現似乎很好理解，但是『合』的出現似乎不那麼容易。如果沒有『合』出現，那麼後果會怎麼樣呢？」家明的這個問題顯然是問出了大家的心聲。

「不會出現這樣的狀況，人類的理性意識的發展模式不可能就此停在原地不動。在雙方爭執的過程中，雙方論點中的最佳部分自然而然地就會逐漸浮出水面，只是這些部分在討論的時候不容易被發現，而最終還是由歷史來決定誰是誰非，最終能站住腳的必然是有道理的。所以說，答案很簡單，能夠擊敗『對手』，最終留下來的必然是對的，也就等於是達到了『合』。」黑格爾回答道。

「聽起來似乎跟自然界的『優勝劣汰』差不多。」余意同學忍不住笑著說。

「沒錯，人類的思想理念就是跟這種『生存競爭』一樣，糾正錯誤的，留下正確的，否則人類如何進步呢？」黑格爾老師說得有些激動。

❤ 絕對精神應該朝著什麼方向發展

「老師，剛剛我腦海中突然產生了一個想法。既然日常生活中的一切都在變化，沒有永恆的真理，那麼，我們的精神到底該向什麼方向前行呢？或者說我們的主體文化正在朝著什麼方向發展呢？我想，人類不可能像無頭蒼蠅一樣到處亂轉吧？」余意同學又提出了一個關鍵性的問題。

辯證法運動及世界精神的發展

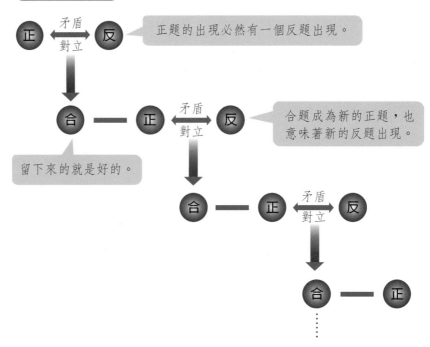

辯證法運動

正 ←矛盾 對立→ 反 ← 正題的出現必然有一個反題出現。

合 ─ 正 ←矛盾 對立→ 反 ← 合題成為新的正題，也意味著新的反題出現。

留下來的就是好的。

合 ─ 正 ←矛盾 對立→ 反

合 ─ 正

世界精神（辯證運動的最終方向）

「世界精神」發展的三個階段

 邏輯學（存在論、本質論……） ─ 主觀精神

 自然哲學（機械論、物理論、有機論） ─ 客觀精神

精神哲學 ─ 絕對精神包括藝術、宗教和哲學，哲學是實現「自我」的最高形式

「這個問題問得很好。這裡我要說一個概念——世界精神。我所說的世界精神或者說是絕對精神，是整個世界——既包括自然界、人類社會，也包括精神活動——的本源和動力。這個精神是在各種各樣的辯證運動中發展而來的，包含了一切關於自然、規律、精神、文化、藝術和宗教等的原理，並且，隨著社會的發展，世界精神的拓展面越來越廣，並跟隨相應時代的文化進程不斷更新，不停地注入新鮮的血液，但不管如何發展，其大體是朝著越來越瞭解自己的方向發展。為什麼這樣說呢？我們不妨縱向地思考一下人類的整個歷史演變，人類一直以來都是在向著『瞭解自己』、『發展自己』的方向前進，哲學也是如此，一直不斷地幫助人們瞭解自己、認識自己。當然，也不排除一些特殊的情況，但最終，歷史的發展大體上仍然是前進的姿態，人類也一直都是不斷地邁向更廣闊的理性和自由。還記得我之前說的奴隸和主人的辯證法嗎？最終在轉向從內部尋找真理的方式就是一種真正的自立，這已經是一種高層次的上升了；然而，這還不是結束，辯證法式的運動發展還會無限地運動下去。」

「還記得剛開始我所說的嗎？要從大的視角看問題，不要局限在小世界裡。任何單獨的個體都不可能是只活在自己世界裡的『自由』個體，任何單獨的個體必然要在歷史中找到自己的定位。所以說，要想追求更寬闊的理性和自由，就必須要脫離『個人自由』的限制，不能脫離歷史的背景，包括國家和家庭。」

「沒有人民就沒有國家，沒有國家更沒有人民；沒有家哪裡有國，沒有國更沒有家。因此，個人是沒有『自由』而言的，自由只會從世界（絕對）精神中發現，而且，我將這個回到自由（自我）的過程分為三個階段以及三種哲學體系，即邏輯學、自然哲學、精神哲學。邏輯學就是論述所有存在的抽象範疇，自然哲學則是論證由精神哲學構成的物理世界，它經歷了機械論（力學）、物理論（涵蓋廣泛的廣義物理學，包括光學、電學、化學等）和有機論三個發展階段。最後精神哲學則是實現自由（自我）的最高形式，其中哲學是最有力的武器，換言之，在哲

學中最先實現了精神自我。」

「好了，今天的課就到這兒吧，希望下次我們還能再聚在一起，到時我會給大家帶來更多有趣的東西。再見。」

待黑格爾離開後，大家也開始收拾東西回家。因爲今天天公不作美，所以，大家也沒有閒聊幾句便各自離開了。林夏走出古宅時，還下著小雨，不過林夏仍然不想撐傘，她似乎也想變成一滴水，順著水流流到河裡，流向大海……

 黑格爾老師推薦的參考書

《**精神現象學**》黑格爾著。本書是黑格爾於1805年創作的一部哲學史書，介紹了人類意識的發展史，並深刻地揭示了個體發展及人類社會發展兩個方面的歷史辯證法。

《**邏輯學**》黑格爾著。本書集中闡述了辯證法思想，體現了邏輯、知識論和辯證法的統一，主要包括客觀邏輯和主觀邏輯兩個部分。

《**法哲學原理**》黑格爾著。該書從哲學的角度出發，用辯證的思維探析法、道德與倫理之間的奧祕，系統地反映了黑格爾的法律觀、道德觀、倫理觀和國家觀。

亞里斯多德老師主講「與生俱來」

不存在天生的概念……雞蛋變成早餐的目的就是為了填飽我們的肚子。

亞里斯多德（Aristotle，西元前384—西元前322）

　　古希臘斯塔基拉人，父親曾是馬其頓國王的御醫，後來進入柏拉圖的學院中進修，當時柏拉圖61歲。亞里斯多德既是一位偉大的哲學家，在生物學和教育學上也有傑出的貢獻，雖然他非常敬重柏拉圖老師，但是有很多觀點都與柏拉圖相悖，並且還在雅典創辦了自己的學院，被稱為「逍遙學派」。其主要著作有《工具論》、《形上學》、《物理學》、《尼各馬可倫理學》及《詩學》等。

今天是週一，大家工作的興致也比較足，當然，工作量也非常大。臨近下班的時候，林夏就不斷地看時間，眼看今天的工作還未完成，下班時間就快到了，林夏明顯有些煩躁不安了，她的這種坐立不安惹得身邊的下屬也無法靜心工作。

下班時間已經過去20分鐘了，林夏一做完最後的收尾就立刻奔出辦公室。「一定要趕在上課之前到。」林夏在心裡默念。

最終，林夏還是在上課前5分鐘到達，不過她也花了不小的代價——搭計程車的錢相當於半個月的地鐵費用。不過，一切都值得。

♥ 我們腦海中的概念是天生的嗎

「大家好，我是亞里斯多德，你們應該都已經見過我的老師柏拉圖了吧，沒錯，我是他的學生。對我而言，他是我人生中非常重要的人。

不過，在很多哲學理論上，我的觀點與他的不同。**與我敬愛的老師相較，我更愛真理。**」一位身披長袍的西方人走上講臺說道。

李萍老師知識補充站

愛老師不等於毫不質疑地全盤接受他的思想。師生之間存在學術觀點上的相互批判和質疑，這其實很正常。尊敬老師，捍衛真理，兩者本質上並不矛盾，不是嗎？

大家沒有想到，幾千年前的亞里斯多德居然也來到了這裡，不過，也並不奇怪，他的老師都來了，他應該不會比老師還要難請，總之，大家還是感到非常吃驚。

「好了，不說廢話了，我們還是盡快進入今天的正題吧。今天我所講的內容和我的老師不同，我向來喜歡自己創造，這也是所有哲學家最基本的思維方式。」

「從我的老師那裡，你們一定都聽過『理型世界』和『理念』吧，哦，對了，還有他的『洞穴理論』，應該很是精彩。不過，我的老師把我們看到的許多事實稱之為理念的影子，這一點我非常不贊同，相較於他輕視的感官世界，重視永恆概念世界的理論，我更加看重自然界裡的

變化，更對感官世界充滿興趣。」

「其實，我很贊同我的老師柏拉圖在理型方面的一些觀點，比如他說世間沒有永恆不變的事物，所有的東西都是流動變化著的，我也認同只有理性思維裡的實物概念，或者說是理念概念是永恆不變的。但是，我並不相信，在自然界之外存在一個與我們看到的實體一模一樣的『模子』或形式存在，相反，我認爲那些『形式』或『理念』是在人類看到實物之後才形成的概念，並不是在實物出現之前或人類認識之前就已經存在了，應該說，那些形式其實就是所有實物都具備的共同特徵。舉個例子來說吧，柏拉圖認爲，在人類看到雞之前，就已經有一個『雞』的理型存在，這個理型是先於雞，也先於蛋的，只是人類一直沒有意識到而已，把看到的幻象當成了實物，無法看到雞最本質上的理型。而我卻認爲，雞的理型是在人類看到雞之後才產生的，是每一隻雞身上所存在的共同形式，正是具備了這些特色，它才能被稱之爲雞，比如雞能生蛋。」

「因此，總結而言，事物的理念『概念』與實體是統一存在、不可分割的，是以共時性的形式存在。我和我老師觀點的根本不同就是，他把感官裡的現實東西看做是理念世界的影子，認爲我們感官世界認識的事物皆是來自於更高層次的概念世界的幻象；而我剛好把二者關係顛倒，認爲現實世界中更高層次的東西是我們從感官世界中積累出來的。」

李萍老師知識補充站

正是在這種意義上，柏拉圖被認定爲唯心主義者，而亞里斯多德被認定爲唯物主義者。

「歸根究柢，我所表達的意思就是『人類並不存在天生的概念』，理性是人類所具有的一種特徵，也是人類區別於其他動物的一種方式。但是，這並不是說只有先於理型世界裡存在的事物才是真正存在的，我們與生俱來就能夠將感官察覺的事物加以組合和分類，於是才產生了『植物』、『動物』、『水』和『空氣』等概念，這才是柏拉圖所說的『理念』形成的方式，而不是說人類未曾體驗過，它們就已經存在於理

型的世界中了。」

「現在你們不妨靜下心來，想一想自己腦海裡『概念』的形成，是不是像我所說的那樣？」

♥ 現實世界裡的實體是怎麼構成的

「既然如此，您如何來描述實體的存在呢？柏拉圖可是把實體的存在形式描述為理念的幻影呢。」家明同學有些著急了。

「好吧，那我就來講講我的『第一哲學』吧。」

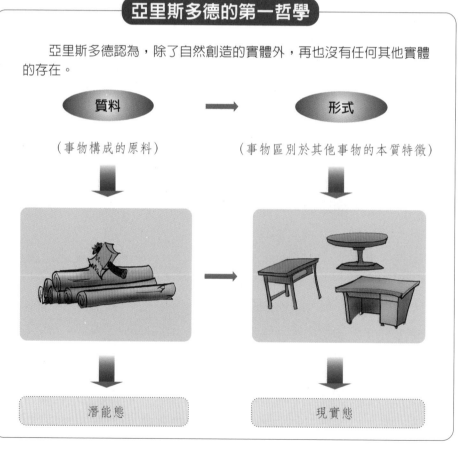

亞里斯多德的第一哲學

亞里斯多德認為，除了自然創造的實體外，再也沒有任何其他實體的存在。

質料 ⟶ 形式

（事物構成的原料）　（事物區別於其他事物的本質特徵）

潛能態　現實態

「其實，我一直以來都比較重視自然哲學，我喜歡自然界的一切生物，那些都是充滿了神祕和挑戰的實體。對此，我認為，如果除了自然創造的實體外，再沒有任何其他的實體存在的話，那麼以自然為對象的學術就應該是第一學術（我不相信還有外星人存在）。如果自然有不動的實體存在的話，那麼關於實體的學術一定是最先出現的，故而，我稱之為『第一哲學』。」

「關於『第一哲學』，我想首先講兩個概念 —— 質料和形式。質料是事物構成的原料，比如製作成桌子的木材；形式則是每一件事物的個別特徵，是區別於其他事物的本質特徵，比如桌子的形狀和結構。雖然都是用木材做成的桌子，但是有的桌子是圓形的，有的是方形的，有的是三腳架的，有的是四角架的等等。所以，當我們描述某一張桌子的時候，這張桌子的結構、形狀、顏色、功能等就成為了它的特徵，我們不會僅僅是用它的質料 —— 它是木質的來描述，而且，當這張桌子的形式消失的時候，我們唯一剩下的就是一堆木頭，那時，它就不再能被稱之為桌子了。因此，換句話來說，質料的基礎上有變成形式的可能，但是，只有形式的實物是很難存在的。因此，下面我就要再講兩個概念 —— 潛能態和現實態。」

「剛剛我所說的木材變成桌子的形態，就是『潛能態』，是說質料總是具有實現成某一特定形式的潛能。比如說雞蛋具有變成雞的潛能，小麥具有變成麵粉的潛能，椰子樹有形成椰子的潛能等。」

「『現實態』表示的就是實物的運動過程，是質料到形式變化完成並呈現出形態的現實體。一個雞蛋在母雞的用心呵護下慢慢地發生變化，蛋殼裡逐漸形成雞的形式 —— 兩隻腳、一個頭、一對翅膀、內臟……最後，小雞成形，鑽出蛋殼，這就是我們看到的現實態。」

「也許，小男孩看到了會問你：『你是如何把一隻小雞放進去的？』但是，你知道，這枚雞蛋有變成小雞的潛能，所以你不會感到任何驚訝，並且，經驗告訴你，這個事物可以變成另一種事物，它們之間具有這種潛能。但是，如果換做是你從沒經歷過的『質料—形式』關係，你

也會像那個小男孩一樣感到疑惑不解的。因此，我相信自然界的每一件事物都可能實現某一個特定的『形式』。」

亞里斯多德老師的話

可信的不可能性比不可信的可能性更可取。

「老師，有一點我不理解。您說『自然界的每一件事物都可能達成某種形式』，但是，雞蛋變成小雞也不一定啊，據我所知，沒有經過受精的雞蛋是無法孵出小雞的。」小米問出這個問題，引來大家的一陣發笑。

雞蛋的潛能

亞里斯多德認為，事物的形式說明的不只是這件事物的潛能，更說明了它的極限。

　　「呵呵，的確如此。還可能會有雞蛋變成我們餐桌上的美食呢。所以，雞蛋未能實現它變成小雞的潛能。但是，我們也能發現，變成餐桌上的美食也是雞蛋的潛能態，可能你只是出於做一頓豐富的晚餐的目的才會購買它，所以，你腦海裡的潛能態不會是一隻小雞，而是餐桌上的煎蛋、蛋卷或炒蛋，對吧？不過，我相信，你絕對不會有雞蛋會變成鴨子或鵝的想法，因為，雞蛋絕對不會具有這樣的潛能，這都是經驗告訴我們的。因此，我們可以說，事物的形式說明的不只是這件事物的潛能，更說明了它的極限。」

❤ 存在的存在是何原因

　　「任何事物都有成為某種形式的潛能，那麼這些事物的運動變化又是以何種目的而存在的呢？也就是說，為什麼大自然裡的事物要以這樣的關係存在呢？」家明同學的這個問題顯然引起了大家的興趣。

　　「沒錯，哲學家們一直在研究這個問題，人類為什麼而存在、人類從何而來等等。關於存在的問題，一直都是我們不斷探索的焦點，而且我們也已經對很多事物的成因有了科學的認識，比如下雨是因為大氣中的水蒸氣遇冷凝結成小水珠，形成雨滴，然後受到地心引力的吸引，降落到地上。這是很多人都贊同的觀點，但是，我只能說，我還有一個觀點──目的因。『雨水落在地上的目的是什麼？』、『雞蛋孵出小雞的目的是什麼？』、『雞蛋變成食物的目的是什麼？』難道這些事物的變化不應該有一個目的嗎？」

　　「因此，我認為，在那些循環變遷中也可能存在著某種『目的』，並且和那些普遍認可的原因總結起來

李萍老師知識補充站

　　大家可能覺得亞里斯多德的觀點非常淺顯和不科學。但是這在他那時已經是非常進步，非常了不起的了。理論在發展，曾經起作用的觀點或許過時了，但是我們也應該給予尊重。

房屋的「四因」

亞里斯多德用四種原因來解釋世間事物的運動和變化。

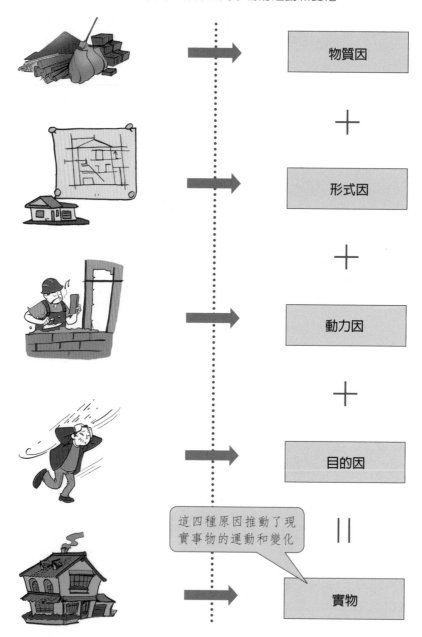

物質因

＋

形式因

＋

動力因

＋

目的因

＝

這四種原因推動了現實事物的運動和變化

實物

共同構成了我的『四因』，即物質因、形式因、動力因和目的因，這四種原因能夠解釋世間事物的運動和變化。舉個例子來說明好了：蓋房子的木材、土地、水泥等原料就是房子形成的『物質因』，設計的房子格局、大小、結構等就是房子的『形式因』，工人們將蓋房過程一步步推進、完善就是房子形成的『動力因』，最後，房子之所以存在的『目的因』就是人們需要用房子遮風擋雨，也就是說房子從原料的潛能態到房子的現實態的完成過程就是為了達到房子滿足遮風擋雨的形式。當然，我們現在看來好像不是這麼簡單了，如今的房價如此暴漲，很多人建造房子卻只是空置著等待升值，已經不再是純粹為了遮風擋雨了。」

「如此說來，您的意思是說，事物的潛能態也就決定了事物變化的目的，並且自然界的每一件事物都有其目的性。比如，雞蛋變成小雞是為了繁衍生息，雞蛋變成早餐是為了填飽我們的肚子，大地吸收雨水是為了讓地上的生物生存下去，是這樣嗎？」家明問道。

「可以這樣說。我知道有的人可能很難接受我這種說法，但我只想強調，我們沒有必要去現實以外的世界尋找所謂的『理念的世界』，事物運動變化的現實態其實就是所謂的理念，是事物變化的原因。」

♥ 人如何活得快樂

「現在還是回到『人』的主題上來吧。」

「『人為什麼會幸福？』是因為愛情，還是金錢物質，或者是名譽？這樣回答下去，會有無限個答案，這是非常痛苦的，所以還是找出一個一勞永逸的方法吧。」

「人只有充分發揮他所有的能力和才幹，才能算是幸福，這就是我的觀點。我認為，幸福包括兩個方面：心智層面和實踐層面。心智層面即認識層面，幸福的意義在於不受外物所累的理性沉思，這是幸福的最高境界。實踐層面即道德層面，快樂的標準有三種，一種是過著自足的生活，一種是做一個自由而負責的公民，另一種則是成為一個思想家與

哲學家。只有同時達到了這三種標準，才能算是找到幸福和滿足。一旦任何一種標準出現了不平衡，都會令人感到煩惱和痛苦。即使是一個非常有天賦的科學家，如果只是沉溺在研究中，而不知道生活是如何發生的，那麼他的研究也會發生扭曲和變異的。所以，如果想要最適合、最快樂的生活方式，就必須保持平衡，不能出現任何一種極端。」

「同樣地，人際關係中也適用平衡法則，也就是『中庸原理』。具體而言，人既不能膽怯，也不

李萍老師知識補充站

　　文化無國界，中西哲人往往有共同之處。亞里斯多德的「中庸原理」和中國傳統儒家的「中庸之道」是不是很類似呢？

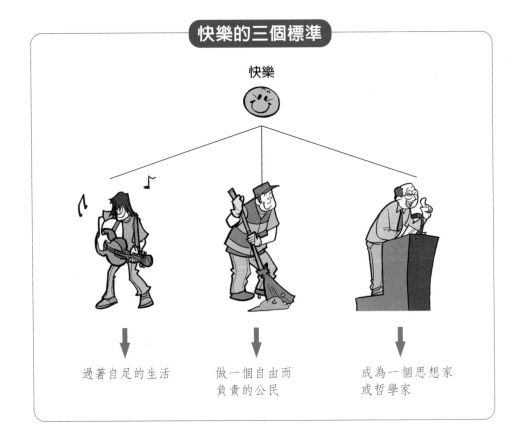

快樂的三個標準

快樂

過著自足的生活　　做一個自由而　　成為一個思想家
　　　　　　　　　負責的公民　　　或哲學家

能太魯莽，要勇敢；既不能吝嗇，也不能奢侈揮霍，要慷慨；既不能傲慢，也不能過於自卑，要矜持；既不能過於狡猾，也不能愚笨，要機智。總而言之，人不能過於苛求，過於強求，也不能任性爲之，毫無規矩，而是要有所節制，兼顧平衡。唯有平衡與節制，人才能快樂。」

「聽起來似乎就是『無過』與『不及』的結合。」林夏不知不覺地就說出了自己的想法。

「沒錯，我所提倡的中庸便是無過且不及。而能夠做到這一點的便是『不動的推動者』——神。神是天體運行的原因，神是一種完全的理性的存在，天體運動是出於對神的憧憬。所以，神是自己不動，而使萬物運動的『不動的動者』。那些接近神的生活便是幸福的生活狀態，也

亞里斯多德的中庸原理

唯有平衡與節制，
人才能活得快樂。

不足	膽怯	吝嗇	自卑	愚笨
中庸	勇敢	慷慨	矜持	機智
過度	魯莽	揮霍	傲慢	狡猾

是我所理想的生活狀態，而剛剛我所提出的三種快樂標準，只有第三種是最接近神的生活的。」

李萍老師知識補充站

好一個「做哲學」！哲學是「做」出來的，「做」意味著行動，意味著在實踐和生活中去體悟和思考，這樣才能把學問做好！不積極主動地探索，只是一味地接受理論和說教，是永遠不會有真正的突破與提升的。

「好了，我所準備的內容已經講完了。我知道，有一些觀點在如今的你們看來還是比較難接受的，甚至說有失偏頗，但我只想讓大家明白，我所講的個人哲學觀都是我們當時那個時代的社會形態的部分縮影。所以，不要用當今的科學思想來評價，我只是給你們提供思考的方法，而真正思考的結論還得要你們自己來取得，這才是**真正的做哲學**。」

沒想到亞里斯多德會說出最後一段話，看來，今晚又有很多人要失眠了。林夏心裡本來也對老師的某些觀點產生了很大的疑問，但是，聽了老師最後的話，林夏覺得應該反思的是自己。一直以來，大家都是一味地接受間接知識，卻很少自己思考與總結，所以得出的答案也極少去驗證與反駁。

亞里斯多德老師推薦的參考書

《**工具論**》亞里斯多德著。本書是亞里斯多德所著的六篇邏輯學著作的總稱。公元1世紀左右，亞里斯多德學派的邏輯學家認為，邏輯不屬於理論知識，也不屬於實際知識，而是一種認識的工具，因此，將這六篇邏輯著作統一稱為《工具論》。

《**形上學**》亞里斯多德著。本書介紹了人類知識的形成，進而提出了關於普遍知識的理論，從根本上奠定了西方哲學思想的基本概念和問題。

《**尼各馬可倫理學**》亞里斯多德著。本書是亞里斯多德重要的倫理學著作，集中闡釋了其美德倫理學和德性倫理學的思想。

海德格老師主講「生死」

死亡是美妙的，它讓我更加意識到自己的存在。

馬丁·海德格（Martin Heidegger，1889─1976）

　　德國現代哲學家，20世紀存在主義哲學的創始人和主要代表人之一。受齊克果的存在哲學和胡塞爾的現象學的影響，海德格創始了名爲「基礎存在論」的存在主義哲學，開始探究「存在」本身的意義。他曾在第二次世界大戰期間擔任弗萊堡大學的校長，第二次世界大戰結束後被辭退。其主要著作有《存在與時間》、《形上學導論》、《林中路》、《尼采》等。

　　不知道為什麼，今天的林夏總有些不安，心裡似乎總覺得有什麼不好的事情要發生，但是又似乎沒有什麼事情發生，直到中午，林夏接到了父親的電話，說是今天母親差點兒被車撞倒，幸好沒有發生任何嚴重的傷亡事故，只是受了點驚嚇，有些暈眩，正在醫院進行檢查。本來林夏打算請假回家看看母親，但是父親極力反對，說是沒什麼大礙，不要耽誤了工作。最後，林夏只能在電話中安慰了一下受驚的母親，繼續工作。

　　下班後，林夏突然感覺心裡有些傷感：整日辛苦地工作到底是為了什麼？無法在父母身邊盡孝，無法享受全家在一起的其樂融融，整日就是在為別人創造財富，而自己的生活仍然是周而復始地重複著，到底自己活著是為了什麼？自己的存在有什麼意義？唉，還是去聽聽今天的課吧。

♥ 人為什麼活著

　　「初次見面，很高興見到大家，我是海德格，我想學文學、心理學、哲學或藝術等專業的同學應該都聽過我的名字。」一位身穿西裝的紳士出現在講臺上，並用充滿磁性的聲音說道。

海德格老師的話

　　存在是存在者的存在，存在者存在是該存在者能夠對其他存在者施加影響或相互影響的本源，也是能被其他有意識能力存在者感知、認識、判斷和利用的本源。

　　這段開場白立刻引起了臺下學生們的騷動，因為，海德格老師真的很帥，簡直可以與國際影星布萊德·彼特相媲美。

　　「這就是海德格？那個整日研究『死亡』的著名哲學家？」不知是誰的聲音從混亂的騷動中跳了出來。

　　「沒錯，我就是那個『死亡哲學家』，不過，請原諒，我還是希望大家能夠稱我為『存在哲學家』。在我之前，大多數哲學家研究關於存在的問題主要是探討自然、精神等如何存在，而我則是從很少被人提及的

『存在的意義』來入手的。恰如今天我在來的路上剛好碰到一個事故，一個男孩站在10層的高樓上準備跳樓，樓下圍觀的人越聚越多，後來消防車和警車紛紛趕到，現場一片混亂。幸運的是，最終那個男孩被員警解救下來了。」

「為什麼那個男孩想要自殺，你們想過嗎？在座的各位是否也曾經產生過自殺的念頭？這個世界上每天都在上演著自殺的戲碼，甚至可以說，世界上每分每秒都有人在自殺，並且隨著社會經濟和文化的快速發展，社會壓力的逐漸增加，自殺的人數不斷增加，我們不得不開始反思，到底是社會造成了自殺的悲劇，還是因為當代人的心理承受能力逐漸降低了。」

「我覺得，社會和國家有很大一部分責任。據我所知，大部分的人選擇自殺都是因為無路可走，無法承受社會和輿論的壓力才選擇了死亡，甚至有的悲劇直接就是社會推動的。」家明帶些情緒化的聲音說道。

「我認為，自殺也有主觀上的原因。我曾經碰到過一些案例，有的孩子因為父母滿足不了他很小的要求，他居然就用自殺來對抗。還有的人因為無法找到工作，無法承受家庭的責任而選擇自殺。如此看來，有些人完全就是把問題放大化最終才走向死亡的，如果他們的心再放寬一些，把問題再縮小一些，也許就不會選擇死亡這條路了。」小米有些無奈地說道。

「就在此刻，仍然有人在自殺。而且，有的人是因為生活無路可走、無法生存下去才選擇死亡的，有的人即使是豐衣足食，甚至家財萬貫也仍然選擇自殺，雖然他們自殺的導火線不同，但是，他們的精神體驗卻是相似的——精神感到空虛、生活失去了目標。就好像你因為每日吃飯及睡

李萍老師知識補充站

　　生活的意義主要是靠個人在生活中自己創造的。沒有追求和理想的人往往會陷入平庸、空虛和無聊之中，因此可以說，自己的命運和生活掌握在自己的手中。

覺的枯燥生活感到空虛，於是產生了懷疑存在的死亡之心，和他因為整日承受飢餓痛苦的生活而感到無望，而懷疑存在的死亡之心，兩者是一樣的性質，即都認為自己作為人的獨特性已經喪失了，生活就沒有了意義，存在就無所謂『存在』，僅僅只是一個單純的『存在者』──而非人類本來應該存在的方式。」海德格老師說。

♥ 生與死正是一枚錢幣的兩面

「哦，我大概理解您的意思了。比如說，據報導，在明星自殺的人數中，韓國明星的自殺率是最高的。在我們普通人的眼中，明星應該是生活在上層社會，活躍在光鮮照人的耀眼舞臺上，過著令人羨慕的璀璨生活，我們很難理解他們對如此『美好』生活的放棄。現在我懂了，也許他們的生活發生了變化，令他們感到自己作為人的獨特性逐漸喪失，自己僅僅是類似動物或植物一樣的單純『存在者』。所以，他們才選擇了自殺，對嗎？」家明問道。

「沒錯，你的答案很正確。為了和這個『存在者』做區別，我決定用『Dasein』即『此在』這個詞來表示人類，包括我和你們。」

「我們在現實中的存在叫做『此在』，那麼，我們的存在與世界是怎樣的關係呢？這個世界並不只有人類存在，還有食物、交通工具、通訊設備、電子商務等各種工具的存在，它們將我們的生活串聯起來，共同構成了『世界』，我們（此在）正是利用這些工具在世界中生存，而討論世界外的存在對我們沒有任何意義，也無法探討。因此，此在的存在就只能是存在於世界範圍內的存在，即在世界中存在（In-der-Welt-sein）。」

「不過，我還要說明一下，那些串聯我們生活的一系列工具也存在於世界中，只不過，那些類似桌子、車子、網路、電視等物品的存在和我們的『此在』是不同的，在這一點上，用希臘哲學家們的『人類是具有語言能力的高級動物』的命題來解釋再好不過了。」

你是「本來性」的生存方式
還是「非本來性」的生存方式？

「我知道中國有一個成語叫
『行屍走肉』，形容人像沒有生命
一樣，喪失了生存的意義，就像那
些桌子、椅子、黑板，沒有思維、
沒有精神。這種生活方式便是一種
喪失自我的生存方式，整日埋沒在
日常的生活中，不知道自己真正
想要的是什麼，不知道活著的真實意義，我將其稱為『**非本來性**』（編
註：臺灣稱『**非本真**』）的生存方式，如今社會上這樣生存的人比比皆

此在與世界的關係

各種工具的存在將我們的生活串聯起來，共同構成了「世界」，我
們（此在）正是利用這些工具在世界中生存。

世界

「此在」（我）

海德格的生存哲學

死亡讓「此在」意識到自己的不可替代性，意識到時間的寶貴，所以更應該活出自己的特色和本真，要珍惜、享受生命。

非本來性生存方式
喪失自我的生存方式，整日埋沒在日常生活之中。

❶ ❷

兩種生存方式

本來性生存方式
作為獨立的個體存在，發現自己的獨特性，並認真地生活（此在）。

反正我還活著。

死亡是生命在世界上的終結點。

非本真的時間性
通俗意義上的時間，簡單地活著，活一天是一天，碌碌無為地活著。

❶

兩種時間分配方式

❷ **本真的時間性**
生命是寶貴的，應該活出精彩，積極享受人生。

是，甚至可以說已經是整個社會的縮影了。」

「而與之相對的則是另一種生存方式，即『本來性』（編註：臺灣稱「本眞」）的生存方式，我們作爲獨立的個體，發現自己獨特的性格，發現自己也被帶有各種獨立自我意識的人群所包圍，倘若我們無法看到獨特的他人存在著，我們也就無法認識到自己是獨一無二的，所以，換句話說，我們的自我獨立性是建立在他人獨立性的存在基礎上的，這是我們此在與桌子、凳子、電視的最大不同點。」

「您這是從『此在』與桌子、凳子等的區別來體現此在的存在，那麼如何在眾多此在中體現出我們的獨一無二性呢？」余意突然的一句話打破了課堂的安靜。

「是的，這的確是一個問題。其實，這個問題是關於『死亡』的。很多時候，在日常生活方式中，我們此在是可以被替換的，比如同一個職位可以有不同人代替，同一種工具能連結不同的人，但是，對於此在的個體而言，他們自己是無可替代的，而這

海德格老師的話

人安靜地生活，哪怕是靜靜地聽著風聲，亦能感受到詩意的生活。

種無可替代在死亡那裡體現得最爲明顯。難道不是嗎？死亡是任何人都不能替代的。出生是我們無法左右的，當我們意識到的時候我們已經是生，所以，當死亡到來的那一瞬間，我們可以清晰地認識到自己是他人不可替代的，並且，也是每個人都無法避免的終結。我們無法預測死亡的世界和時間，所以我們可以選擇樂觀地活著，並帶著希望走向死亡，因爲，誰也不知道死亡的世界是否需要希望，也許『死』又是另一個『生』的存在。因此，生和死是永遠都緊緊地聯繫在一起的，我們對死亡的恐懼，正是我們對生的希望。」

❤ 真正意識到時間才會更加珍惜生命

「其實，意識到自己的『存在』並不是一件高興的事，反而會令你產生恐懼，因為，當你意識到你存在的同時，你同時也意識到自己將會死亡，這的確是一件可怕的事情。」

「你害怕死亡嗎？誰都害怕死亡，與其說是害怕死亡，倒不如說是害怕那種無法掌控的未知世界。也許真的存在死後的世界，但是這是科學無法證實的，誰也不知道死後的世界是什麼樣子。因此，一般來說，沒有人會相信死亡之後真正有另外一個世界存在，人們對死亡的恐懼感也是理所當然的。」

「柏拉圖曾經說過『哲學是關於死亡的學問』，這句話說得很對，既然哲學是探討存在的問題，那麼必然要談論自然中關於死亡的問題，當我們逐漸認識死亡的必然性時，我們也就能夠接受死亡，並萌生追求生存的勇氣和希望。」海德格老師一邊講述一邊在黑板上寫下了「死亡——希望——生存」的字樣。

「如果現在有一個人想要放棄生命，那麼你會如何來勸說他珍惜生命，放棄自殺呢？」家明同學居然開始向海德格老師發出挑戰。

「很好。我之前講過，此在在世界內有兩種生存方式——本來性和非本來性生存方式。追求自我，從本我來籌劃自己的生存是本來性生存方式；按照周圍人的標準來籌劃自己的生存方式則是非本來性的生存方式，所以，此在的時間性也應該是兩個層次，即本真的時間性和非本真的時間性。這兩種時間性其實就是兩種不同的時間分配方式，非本真的時間性就是我們通俗意義上的時間——簡單地活在世上，碌碌無為地過著沒有自我的日子；本真的時間性就是時間的根源性——認識到死亡是此在在世界內的時間終結點，生命是有限的、是寶貴的，要積極地去享受人生。」

「不過，這兩種時間性也具有共同點，即不是一個現成的擺在那裡均勻流逝著的存在者，而是不斷湧出、超越自身的『到時』，包括將

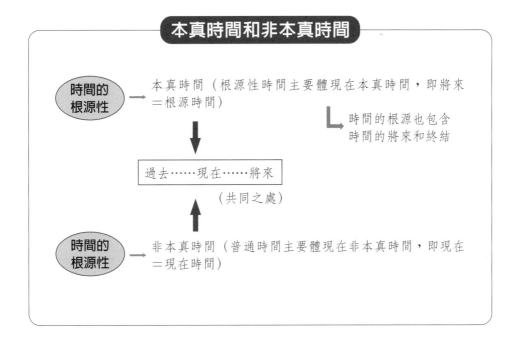

來、過去和當下三個環節，分別對應根源時間、世界時間和現在時間這三種時間，換句話說也就是非本眞時間性主要是被日常生活所淹沒的『現在』之中，是我們存在於這個世界之中的有力證明，而本眞時間則是從將來的環節指定，顯示出我們對時間有限性的先行認識，時間根源性到來之時也是時間的終結之時，在認清時間有盡頭這個事實的同時還能更加珍惜時間，積極面對未來，這才是眞正的活著的『此在』。」

「所以，本眞性的時間概念或者說根源時間概念，既是一種令人不安的情緒來源，同時也給予了我們積極面對未來人生的勇氣。因爲時刻意識到死亡，所以，我們才會更加不安，更有危機意識，更加渴望在有限的人生更加充實，於是積極地享受人生，過自己想要的生活。這其實就是我所期望的最理想的生活方式。姑且不說今天討論的是哲學話題，就算是朋友之間的聊天、談心，我們也會懂得不安對於有限的時間而言沒有任何意義，浩瀚的宇宙之中，我們唯有享受每一天，把有限的時間無限放大，才是最有意義的存在。」

❤如何正確地面對死亡

「我曾經聽過這樣一句話——『活著真好！』我不記得這句話是誰說的了，但是我想這句話應該是一個無法繼續活下去的人說的，可能他將死，或者被迫無法活下去。但是，這句話卻也讓我反思，我們真的是『好』嗎，是『活著』嗎？既然活著好，為什麼還會有人害怕活著而選擇自殺呢？」余意同學也忍不住提出了心中的疑問。

「其實，每個人面對死亡都會表現出懦弱的一面，但是，每個人對待死亡的方式是不同的，所以每個人的生活方式也不同。」

「死亡雖然是非常令人恐懼和不安的一種事實存在，但是，它也是證明我們存在的最有力證據，倘若能夠認識到這一點，是不是多少能消減部分對死亡的恐懼和不安呢？另外，我們想要通向自我，也需要死亡帶來的不安，因為『不安』是特殊的。」

「『不安』和『恐懼』是有區別的，通常我們說到『恐懼』的時候，往往對象是非常明確的，但是當我們用到『不安』的時候，大多對象比較模糊，只是具有某個特殊的範圍，也就是『在世界中存在』本身，完全沒有固定的對象。好像不安的對象隨時隨地都會出現，而沒有確定對象的不安感最後只能從自身原因找突破口，問題最後還是回到了此在本身—— 我為什麼不安？我活著到底有什麼意義？為什麼我如此空虛？……對此，很多人就以為我們的不安是來自於心靈的空虛，心靈的空虛導致了自殺念頭的產生，而事實上，導致我們對自身存在的懷疑卻是不安的情緒。在這裡，不安的理由和不安的對象都在自我這裡變成

李萍老師知識補充站

身強力壯的年輕人往往不會考慮死亡的問題，死亡是人的終極問題，它讓人思考活著的意義並積極地活下去。張藝謀早年有一部電影，就叫《活著》。在中國那個動盪的年代，男主角的父母、子女、妻子都紛紛死去了，但是他經歷過這些悲劇後，更加堅定地活了下來。我想，這就是對海德格存在學說的最好詮釋。

「不安」和「恐懼」的區別

「不安」的對象是模糊的

你為什麼發抖？你連自身都弄不明白，連原因也找不到，我也幫不了你。

我很不安，不知道我在怕什麼，我活著太沒意義了，我整日不知道該做什麼，我該怎麼辦？

產生自殺的念頭

「恐懼」的對象是明確的

你為什麼發抖？那要怎麼解決？

我聽到有老鼠的聲音，我最害怕老鼠了。他說：「要把老鼠殺死或趕走，這樣就太好了！」

不安情緒的對象模糊性同時也是導致不安的理由和對象在自我這裡變成同一化的緣由。因此，要避開自殺的困境就要釐清其中的邏輯關係，讓不安無法放大。

同一化，如果無法釐清這個邏輯關係而讓不安情緒發展成爲嚴重的恐懼，那麼就會很容易走上自殺的道路。」

「所以，對於死亡這個未知的領域，我們應該多去認識和瞭解，只有眞正地碰觸到死亡的本質，才能眞正地接受和理解死亡，如此一來，我們具備了接受死亡這個『可怕』的終極狀態的勇氣後，就更能夠拿這些勇氣去追求生存下來的希望。有了希望，我們就能夠堅強、勇敢地活下去了。你們明白了嗎？」

「哦，說起生命、存在的話題，我就完全忘記了時間，看來我已經超時了。那麼今天就到這裡吧，耽誤了大家回家的時間，請原諒。再見！」

李萍老師知識補充站

　　悲觀的前景給人以生存的希望，這是死亡給人帶來的意義。其實生存並不需要理由！中國不是有句老話嗎？叫「好死不如賴活著」。不要輕易地放棄生命，這既是對自己的尊重，也是對生命的尊重！

海德格老師推薦的參考書

　　《**存在與時間**》海德格著。1926年創作，1927年出版。本書至今仍是最重要的哲學著作之一，不僅對後來的重要哲學流派和重要哲學家產生了巨大的影響，而且對文學批評、社會學、神學、心理學、政治學、法學等多個領域產生了廣泛而深刻的影響。

　　《**林中路**》海德格著。本書是海德格最重要的著作之一，已被視為現代西方思想的一部經典作品，是瞭解海德格思想的必讀之作。本書集合了作者20世紀三四十年代創作的六篇重要文章，是海德格後期思想的結晶。其中最引人注目的是海德格圍繞「存在之眞理」問題對藝術和詩的本質的沉思，以及海德格獨特的「存在歷史」觀，即對西方形上學以及西方文明史的總體觀點。

叔本華老師主講「悲劇」

這個世界到底是悲劇還是喜劇？悲劇從何而來？

亞瑟・叔本華（Arthur Schopenhauer，1788—1860）

德國哲學家，主要繼承了康德的學說，但是堅持認爲世界是我的表象和意志，在人生觀上持悲觀主義，認爲世界是痛苦的，爲了避免痛苦，只有否定和消滅意志。當然，叔本華所說的意志並非我們現在理解的那種——採取堅定不移的行動，排除萬難，以實現目的的心理過程，他所說的意志是一種衝動，一種盲目的、不可遏制的衝動。叔本華是意志主義的主要代表人物之一。他的悲觀主義觀點對後來的尼采產生了很大的影響。其主要代表著作有《作爲意志和表象的世界》、《附錄與補遺》、《悲觀論集卷》等。

今天的日子還像往常一樣，沒有任何波瀾、沒有任何驚喜，就這樣，一個工作日平淡地過去了。林夏依舊在下班後向著那間古宅的方向行進，路上除了停停走走的車輛、匆匆忙忙的人群，沒有任何特別的事情發生。

♥ 世界是痛苦的還是快樂的

「你們說說，這個世界到底是痛苦的還是快樂的？」一位髮型怪異的老者走上講臺說的第一句話居然如此讓人驚訝。看到他，總讓人有種不舒服的感覺，也許是他的眼神比較犀利吧，讓人不由得產生畏懼。

「是痛苦還是快樂？應該都有吧。」家明又是那種嘲笑式的口吻。

「要我說，應該是快樂的。如果沒有痛苦，我們又如何體會到快樂的可貴呢？」小米自信滿滿地說。

「呵呵，不對，世界應該是痛苦的。」那名老者露出陰森的表情，說出這樣的答案。但林夏一點兒也不覺得驚奇，因為林夏從一開始就發現，這名老者從進來就沒有笑過，甚至一直都是皺著眉頭。那全身散發出來的嚴肅和沉鬱，讓林夏感覺到一種悲傷、悲憤的氣息，也許這位老者對世界充滿了不滿吧。

「不要覺得驚訝，我就是這樣，一位活在悲觀世界裡的哲學家，我叫叔本華。我堅持悲觀主義並不是說我曾經對這個世界非常失望，而是因為我的哲學觀點讓我堅信世界是痛苦的，這和我沉迷於意志論有關。所以，千萬不要以為我是來宣揚什麼反動理論的。」

「我是一個過分『悲天憫人』的怪人，這也是我的一個習慣，這個習慣令我相當地傾向悲觀主義，也有人說我懦弱、膽小。隨便吧，面對死亡、面對悲劇，我

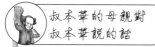

叔本華的母親對叔本華說的話

　　我本來想告訴你一些事情，但是我不忍心這樣做，我知道那些事情會令你毛骨悚然，你太喜歡在任何事情上為人類的不幸而焦慮了。

的確是一個『軟弱』的哲學家。」

「我的父親曾是一位非常成功的商人，我的母親是當時一位很有名氣的作家，我從小就接受了良好的教育，後來父親因為經商受挫而跳樓自殺，從此我的命運就改變了。自殺？那是個怎樣的抉擇，我不曾知道，我也沒有嘗試過，但是你們呢，你們體驗過自己的親人自殺的感受嗎？我那時還小，那是我第一次真實地接近自殺的體驗。從那以後，我和母親的關係就變得很不好，我把父親的死歸因於母親，認為是母親經常遊走於各種交際場所尋歡作樂而無暇顧及常年多病的父親，讓父親獨自一人面對可怕的病痛，父親無奈之下才產生了輕生的念頭。**縱然我的母親是一個性格樂觀開朗、善於交際、熱愛生活的人，但那似乎絲毫影響不到我，反而更激發了我對她的不滿，與她的人生觀背道而馳。大概我的悲觀主義就是從那時候開始的吧，這也令我對女性的態度變得非常不好。**在此，我再囉嗦一件陳年舊事吧。」

李萍老師知識補充站

叔本華怪異、悲觀的性格是時代背景、家庭環境和個人特質共同造成的。他與母親決裂後，在26歲那年被趕出家門，從此就再也沒和母親見過一次面。

「我記得當年在柏林，有一位40多歲的女房客和她的朋友在我的房間門前的公用客廳裡聊天，那些女人嘰嘰喳喳，聊的都是一些雞毛蒜皮的無聊之事。我實在是忍無可忍，於是就禮貌性地勸她們換個地方聊天，別影響別人。結果，那兩位客人離開了，而那位女房客卻故意跟我唱反調，不願出去。我勸了多次還是未果，於是就強行把她拖了出去，我們發生了爭執，打鬥中那位女房客摔倒在地，傷到了右手，嚴重到殘廢，無法工作。最後，她將我告上了法庭。縱使我認為自己無錯，結果還是輸掉了官司，被迫供養女房客一生。更不幸的是，那位女房客身體非常好，我足足供養了她20年，在她去世的時候，我如釋重負，當時我唯一的感受就是『老婦死，重負釋』。」

「很多人都說我是一個多疑的人，呵呵，我明白大家為什麼會如此看我，無所謂，我對這個世界就是不信任，塵世的世界是充滿痛苦的，

我一直都設法逃避那些痛苦。我總是怕別人圖我錢財、害我性命，所以我把所有的錢財都藏得非常隱密，重要的生意我就用拉丁文或希臘文記錄，這樣的話，別人就很難看懂了，看來多學幾種語言還是非常有用的。」

「此外，對世界的不信任還令我時刻都在做最壞的打算，因爲意外永遠都發生在沒有準備的人身上。我隨身都帶著這個杯子，爲了避免用公共場所的杯子飲水，這是杜絕疾病傳染很有效的辦法。不過，因爲這樣，我也被很多人嘲笑膽小、懦弱。」這時叔本華拿出了那個自己經常帶著的杯子，說著似乎不是自己的故事。

♥ 爲什麼世界是痛苦的

「其實，人生就像一個鐘擺：鐘擺的一端是『痛苦』，另一端是『無聊』。當一個人的欲望沒有得到滿足的時候，便會感到痛苦；當欲望得到滿足後，又會覺得無聊。人生就是在『痛苦』和『無聊』之間不停地搖擺。」

「爲什麼我會這樣說呢？一切生命在本質上即是痛苦。人的全部本質是欲求和掙扎，而一切欲求的基礎是需要；缺陷，也就是痛苦。但是你也許會說，也有快樂的享受，可那不是生命的本質，那只是表象。表象和意志雖然是相同的，並且共同構成世界，但意志是決定性的。不過我請大家注意，我所說的意志並非你們現在理解的那種，採取堅定不移的行動，排除萬難，以實現目的的心理過程。我所說的意志是一種衝動，一種人們生來就有的，乃至世界萬物都具有的，盲目的、不可遏制的衝動。任何表象都只是意志的客體化，意志永遠表現爲某種無法滿足又無所不在的欲求。」

「意志本身是沒有目的、沒有止境的，它是一個無盡的追求。但是，在社會中，人的本質意志卻是有目的的，在我們採取行動的同時，意志和行爲就已經統一爲一體了。因爲缺乏，所以需要；因爲需要，所

人生的「鐘擺」

人生就像一個鐘擺：鐘擺的一端是「痛苦」，另一端是「無聊」。

生／死

老年　　　　　　　　少年

人生
中年

痛苦　　　　　　　　無聊

以有欲求，因此，意志的來源就是缺乏的痛苦。當一個欲求得到滿足時，會有更多的不滿足存在，還需要填補更多的欲求，這就好比是一個謊言要用無數個謊言來掩蓋一樣。更何況，大家應該都有這樣的感覺，滿足欲求的時間往往是很短暫的，甚至分量也是很難達到充裕的，即使是能滿足欲求的物件出現，那也是無法維持永久的。滿足遲早是要衰退的，所以，短暫獲得滿足的對象不是解脫痛苦，而是在變相地延長痛苦。」

「因此，意志是痛苦的、生命意志也是痛苦的，如果我們的認知意識、表象被欲望所擺布的話，我們將永遠得不到持久的幸福和安寧。而要擺脫痛苦，就要捨棄欲求，擺脫意志的束縛，否定生命意志。」

「當我們的外在因素和內在情緒從無盡的欲求中解脫出來時，我們

李萍老師知識補充站

　　人能完全擺脫欲望和衝動嗎？顯然是不可能的。但人絕非欲望的奴隸，人不能消滅意志，但可以限制意志、主導衝動。

欲望與名利

意志是痛苦的，生命意志也是痛苦的，如果我們的認知意識、表象被欲望所擺布的話，我們將永遠得不到持久的幸福和安寧，而要擺脫痛苦，就要捨棄欲求，擺脫意志的束縛，否定生命意志。

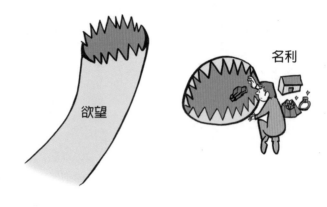

的認識便甩掉了為意志服務的枷鎖，注意力不再集中在痛苦的欲求動機上，離開了事物和意志的關係，單純地把握和認識事物，於是也就沒有了利害關係，沒有主觀性，單純地以對方赤裸裸的表象而不是帶著動機來感受表象。那麼在欲求的道路上，不管是永遠得不到還是有所得都不會令我們不安，相反，我們的心理狀況不會因缺乏什麼而失去愉悅和寧靜，而是把認識某個東西當作最幸福的事情。當然，這樣的理想幸福是永遠不會出現的，從邏輯上來看，它永遠都不可能存在，這個世界的本質就是在無法滿足的欲求中發展前進的，無法擺脫欲求的痛苦的世界，也就永遠無法擺脫其痛苦的本質。倘若，真的有一個沒有欲求的世界或者個體存在，那麼也意味著他們的發展停滯了。換句話來說，也可以理解為，悲劇推動了發展，因為只有悲劇，世界才能有所進步，人類才會不斷地思考與探索。無論是一個樂天派還是悲觀派，都無法擺脫根本上的痛苦，只是樂天派在躲避現實，被自己編織的假象欺騙罷了。」

♥ 是什麼導致悲劇的發生

「哦，我大概懂你的想法了。我是否可以這樣理解，正所謂『居安思危』嘛，人只有在痛苦中才能不斷地進步，悲劇正是時代發展的動力。這個世界的整體基調還是悲觀的，但是終究有一些具體的因素存在吧，難道說如果我們想要擺脫這種痛苦就必須要放棄欲望、放棄欲求嗎？」小米小心翼翼地問道，她對叔本華老師還是比較畏懼的。

「我認為悲劇包括兩個方面，一是人類所受的痛苦，二是人類擺脫這種痛苦。悲劇所表現的人類所受的痛苦，一部分是由偶然和錯誤帶來的，這裡多數部分是人類自己無法掌控的，比如意外事故、失誤等；另一部分是由於人類鬥爭是從自身產生的，因為人有善惡，個體的意向也是相互交叉的，不同個體對同一件事的看法和做法也會有差異，所以，存在很多動機不純或態度不正的人，當所有的人都朝著各自的目的努力時，必然就會出現為了相同的意志而發生不同意見的矛盾、鬥爭，相同的意志下出現了相互爭鬥、自相殘殺的現狀。所以說，這種痛苦是人類自身演繹的悲劇。」叔本華老師用自己帶來的那個獨特的杯子喝了口水。

「哦，我知道了。就像那部電影——《瘋狂的石頭》（*Crazy Stone*）。兩方想要盜走寶石的竊賊是為了同一個目的，也就是在相同的意志下發生了衝突，而保護寶石的人也因為同一個目的——寶石不被偷走而

> **叔本華老師的話**
>
> 我們的不幸往往出於我們對幸福的渴望！我們做事之初總是抱著一種信念：我們一定能在世間找到某種幸福。

發生了矛盾，這些都是人類自身的原因所導致的，比如自私、猜疑、輕信等。從更廣的視角來看，他們所有人的意志也是相同的，即未來自己能生活得更好。」看來葛老平日對電影有所研究。

「沒錯，這個世界就是被無數的意志所交叉構成了痛苦的世界，有些人的意志相同但是行動的方式不同，有些人意志不同，但是行動的方式卻是相同的。但不管怎樣，個體在行動的那一刻，他的意志和行動就

是統一的，也就是主觀和身體這一客觀達到了統一。這便把這個世界連結成了一個整體。」

「通常，我們看到那些經典作品中的悲劇人物就是自身原因所導致的，他們因為執著而讓自己陷入了無法自拔的痛苦中，而最終擺脫痛苦的方式只有放棄，放棄導致他們痛苦的執著追求，放棄熱烈追求一生的享樂，這些就是我的悲劇『放棄說』的基礎。我認為意志的自我揚棄便是無欲，無欲才是人生最終的目的，那是一種美德和神聖性的最內在本質，也是從塵世中得到解脫的方式。所以，那些作品中高尚人物的塑造多半也是在漫長的鬥爭和痛苦之後選擇了永遠的放棄。」

「悲劇往往都要有一個始作俑者，一個開端。一種悲劇存在一個實施破壞、引發悲劇的惡毒的肇事者；另一種悲劇是盲目的命運安排、偶然和必然的交叉；還有一種是人自身的關係推動，不需要惡毒者的破壞，也沒有命運的安排或意外發生，就只是把這些在道德上平平常常的人物放在一起，在日常而平淡的生活中同樣也會製造出災難和痛苦。他們明明看到了痛苦，卻還在製造痛苦，並且也無法判定他們任何一方是錯是對。這三種悲劇類型，最為可取的就是第三種，同時也是最不幸的悲劇，因為，所有人都找不到任何悲劇的源頭，只能看到自身的原因，這種悲劇幾乎無法避免，隨時都會發生，而且，只有當悲劇已經造成了痛苦的後果後，人們才會意識到悲劇的發生，這才是最可怕的地方。就好像你還未意識到自己進入了一場生死搏鬥，你卻已經在搏鬥中死亡了，你會不寒而慄：『哦，我已經到了地獄了。』」

「因此，我認為悲劇的發生，悲劇人物的命運並非個體的缺陷原因，而是人類所固有的局限性。很多人都把道德上的善惡報應作為悲劇的結局，雖然個體以悲劇告終，但是集體還是以正義的勝利作結，這樣歷史的進步就和道德實現了統一。但是，我並不這樣認為，我認為悲劇的真正意義不在於讓悲劇人物去贖他個人所特有的罪，而是認識到自己所贖的是原罪，即生存本身之罪。換句話說，我的悲劇理論是沒有善惡分別的，只是人類自身的局限性令他們忽略了自身生命意志的顯現，無論是受害者還是施暴者、折磨者還是被折磨者，都是同一個生命意志的

顯現，每一個個體身上都有同樣的缺陷和矛盾，只是他們自身沒有意識到而已。」

「**歸根究柢，悲劇衝突不是正義與非正義、邪惡與善良之間的矛盾，而是意志與自身之間的矛盾鬥爭。它是獨立於時間、空間的，連知識和理性都要從屬於它，受意志的支配只會令自己感到虛無和痛苦。並且，這個意志還會不斷地擴張，在不同的時代，所彰顯出來的時代精神也是不同的，對時代的影響也是不同的**，大家可以好好思考一下我這句話的含義。」

李萍老師知識補充站

在叔本華看來，欲望、意志是人們痛苦的根源，因此想獲得幸福就必須消滅它們。但是如果沒有欲望和衝動，人還能稱之為人嗎？或者還有意義嗎？凡事都有兩面性，我們不能偏向於一端。

丟下了最後那句意味深長的話，叔本華老師就匆匆地離開了，從始至終他都很少與大家互動，而且一直都是一臉凝重的表情，沒有絲毫的悅色。也許，他就是這樣的一個人，一位特別的悲觀主義哲學家。

回家的路上，林夏腦海裡一直回想著叔本華老師最後所說的那句話，心裡也不斷地思考著：「叔本華老師所說的意志其實就是人類所固有的本質，人性中的一些局限，比如貪婪、自私、享樂、虛榮等，而這些局限性在不同的時代被放大到的領域和範圍是不同的，當然所造成的時代影響也是不同的。最理想的狀態當然是人類的意志能有所控制了。」

叔本華老師推薦的參考書

《作為意志和表象的世界》叔本華著。這是叔本華唯意志主義哲學觀的全面闡述，書中不僅完美展示了叔本華的哲學思想，還記錄了叔本華對人類的看法。其中重點闡述的就是意志為主體，現實現象是表象的哲學觀。

《悲觀論集卷》叔本華著。內容分為：悲觀論集、倫理的兩個基本問題、論充足理由律的四重根、叔本華生平及大事年表四部分。

沙特老師主講「自由」

我們想要生活得更加自由，同樣我們也要承擔更多的責任。

尚‧保羅‧沙特（Jean Paul Sartre，1905—1980）

　　法國20世紀最重要的哲學家之一，也是優秀的作家、戲劇家、社會運動者。19歲時參加過第二次世界大戰，後來還參加過法國地下反抗法西斯運動。戰後，他受現象學的影響，創立了《現代》雜誌，以存在主義者的身分成為了當時文學和思想界的領導者之一。其主要著作有小說《嘔吐》、《自由之路》、戲劇《蒼蠅》、哲學論著《存在與虛無》、《辯證理性批判》和《自我的超越性》等。

　　今天雖然也和昨天一樣沒有任何波瀾，但是，在來哲學課堂的路上，林夏還是發生了一段小故事，原本應該提前到達的林夏卻差點兒遲到，而這個小「事故」的起因居然就是一把刀。

　　原來，今天中午休息的時候，林夏在公司樓下超市閒逛看到正在促銷的菜刀，而且是很有名氣的一個品牌，林夏剛好需要更換家裡的菜刀，於是就挑選了一把。後來，因為加班耽誤了時間，為了節省時間林夏臨時決定改坐地鐵，卻被地鐵的工作人員攔截，不允許進站，原因是乘車人員不准攜帶危險物品進站乘車。無奈之下，林夏只得改道換乘公車，這一來一回地折騰，差點兒耽誤了上課，林夏一路都在心裡埋怨：「我又不是持刀搶劫！」

❤ 你怎麼選擇，你就怎麼生活

　　「對不起，各位！我遲到了，我本以為今天可以提前趕到，沒想到，今天我的運氣如此不佳，一路上碰到的全是紅燈，你們不知道，當時我是多麼希望沒有那些紅燈，這樣我就可以自由地橫衝直撞了，呵呵，當然要我開車的技術夠好，車夠堅固。不過，這顯然是不可能的！」說話的是一位手拿煙斗，戴著大方框眼鏡的長者。

　　聽到如此有趣的開場白，大家對這位新到的哲學老師多了些親切感，少了些拘謹，看來今天的老師是一位帶點兒幽默感的哲學家，和昨天的叔本華老師一點都不同。

　　「哦，我先自我介紹吧，我叫沙特，法國人。我的父親是一位海軍軍官，但我從小就失去了他，我根本不記得父親長什麼樣子；母親在我12歲的時候改嫁給了一位海軍工程師，也就是我的繼父，繼父迷戀數理科學，也鼓勵我學習，但這更加深了我對數理的反感，反而更偏向於人文科學。所以，才有了我今天在文壇、哲學領域的地位。現在回想起來，與其說當初我厭惡數理，倒不如說我厭惡被人安排的生活，我不想自己的人生道路是在別人的安排和指導下鋪設的，我沒有必要因為別人的喜惡和評價來規劃自己的生活，我要成為一個真正偉大的人，一個按

照自己的意願生活的人。」初來乍
到，沙特並沒有因為課堂的嚴肅性
而顯得拘謹，反而如此大方地講起
了自己的陳年舊事。

李萍老師知識補充站

　　活著並不是給別人看的，要
敢於活出真實的自己！

　　「我知道，今天的主題是關於
『自由』的，但是，在我開始講課
之前我想講講我的故事，這個故事
並不是為了某個特別的目的或是宣揚什麼理念，我只是純粹跟大家分享
一些我的人生故事，算是幫助大家增進對我的瞭解。如果你們能從我的
故事中學習到什麼，那將會是我的榮幸。」

　　「在我近60歲的時候，好像是1964年，我被授予了諾貝爾文學獎，
但是我卻以『不願被改造成體制中人』的理由拒絕領獎，大家不必感到
驚訝，瞭解我的人都會理解的，因為我一直都是宣稱『不接受官方的任
何榮譽』的。我知道我的這種行為會招來社會怎樣的反應，有些人也會

選擇與生活

諾貝爾文學獎

　　我認為我是自由的，我不要成為體
制中被限制的人。我是不凡的，每
個人都應該如此。你怎麼選擇，就
怎麼生活！

把我當作是專門跟政府對立的左派分子，而我的這種明顯不與官方合作的態度也在很多人心中得到了強化。可是那又怎麼樣呢？我不在乎，我只想過我自己要的生活，如果我接受了諾貝爾獎，我會有種被『收買』了的錯覺，不要認定我是敏感，請尊重我，那是我認為的自由。在此，我希望多數人都能做到像當時的法國總統德斯坦那樣，他是一位很出色的總統。據我後來得知，在我去世的時候，他也出席了我的葬禮，不過他並不是以國家總統的身分而去的，而是以一個法國人的身分出席的，這讓我感覺非常欣慰，感到備受尊重，我對他甚是感激。」

「其實，我並非要爭什麼或者是鬥什麼，很多人把我的這些行為看得非常特別，包括我當年組織『戰犯審判法庭』公然判定美國的罪行，我都覺得這些行為是極其平常的，**我認為作為一個人，你怎麼選擇，你就怎麼生活，就這麼簡單而已。**」

李萍老師知識補充站

選擇什麼樣的生活方式，就選擇了什麼樣的人生道路，這個看似簡單，然而它需要持之以恆的堅守。

「您的確是一位非常有自信的人。」小米還是她那特有的傻傻一笑。

「自信？呵呵，原來你們是這樣理解的，我認為這就是本來的我。我小時候並不完美，家庭不幸、身材矮小，還其貌不揚，就像你們現在看到的。但是，我並不覺得這些有什麼影響，我覺得自己是不凡的，每個人也都如此。並且，我年輕時就為自己立下了人生目標——我要同時成為斯賓諾莎和斯湯達爾。你們知道斯賓諾莎和斯湯達爾嗎？他們可是法國非常重要的人物，一位是偉大的哲學家，一位是出色的小說家，對當時的法國文化界而言，他們幾乎是後無來者了，但是我後來實現了他們兩者的『中和』——同時成為了一流的哲學家和文學家。」

「我說這麼多關於自己的陳年舊事，其實還是想要表達關於今天的『自由』的主題，這是一個古老而常新的話題，也是歷代哲學家都非常關注的一個問題，因為我們永遠都想自由地選擇自己的生活，但是生活卻很少令我們如意。不是嗎？」

♥ 我的存在決定它們的存在

「雖然人類有時候會受到這樣那樣的約束，而感覺自己非常不自由，但是，我覺得這已經很慶幸了，至少和那些被困在籠子裡的小鳥、動物園裡的動物相比，我們是非常自由的了。」善良的小米又開始了自己的悲天憫人。

「呵呵，自由的問題不是如此簡單的，這也是我研究存在主義的目的，想要解釋『自由』，就不得不先說說存在主義，它所囊括的不僅僅是自由的內容，更是我們認識自由的態度。」

「人是自由的，這是一個真理，而且我從始至終都不曾懷疑過這一點。過去，人們一直宣稱人是上帝的產物，是亞當和夏娃所犯錯誤的『結果』，但是到了笛卡兒，就開始了『我思故我在』的觀念 —— 首先確定了懷疑的主體存在，即思考全是由人去完成的。」

「可是這樣又能怎樣呢？人們開始懷疑上帝，開始宣揚意志、意識，研究人是什麼、人的力量是什麼……但是，還是無法給這一切一個合理的解釋，人們還是不明白人究竟從哪裡來、要到哪裡去。戰爭的永不停息，悲劇的無限上演讓我們開始懷疑到底人類究竟是上帝還是撒旦，我們的存在到底有什麼意義。」

「好了，鋪墊太多了，我還是來說說我所理解的存在吧。」

「我認為世界的存在分為兩種，一種是自在的存在，一種是自為的存在。自在的存在就是客觀存在的物質，是沒有規律可言的，充滿偶然性的存在，這種存在往往會令人感覺不舒服，這種不舒服並非是痛癢之類的不舒服，而是因為物質世界的這般荒謬、無規律令我們無所適從而心生迷茫感到不舒服。」

「但是，自為的存在不同，它是人的意識，是透過對『自在存在』的內在否定來規定自身的。而我們人類正是這兩種存在中的後者 —— 自為的存在。換句話說，人是透過意識對

> **沙特老師的話**
>
> 人是自己創造的東西……人不只是他自認為是什麼，而是他自願成為什麼。

沙特的存在先於本質論

人是自由的，人本身的存在就是自由的主體。

傳統思想

神創造了人

自在存在

本質先於存在

存在主義思想

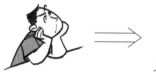
想成為
一名飛行員

為了成為什麼
而努力創造什麼

意識判斷

存在現實中的我

自為存在

自己的不斷否定而展現自己的，是依託這樣一個展現的過程而存在的，人類的行動是為籌劃未來而存在著無數的可能性，人類的行動是在現在中孕育，並要在未來找到結局。因此，人類是『存在先於本質』的，對人而言，只有先存在了才能說人的特徵和行動的對象。然而，物不同，物本身是不能思考的，物在被製造出來以前就已經被設計了，被人類賦予了意義和本質，而非自身意識對自我的否定，所以，物是『本質先於存在』的，這一點更彰顯了人類擁有反思能力的偉大之處。但是，過去有過很長一段時期，人們都無法理解人類得天獨厚的意識，把這種『自由』理解為上帝的賞賜，或者說只是當作一個工具。在這裡，我要糾正，意識是人的標誌，更是決定其他物質存在的一個根源。」

「所以我說，人是真正自由的，人本身的存在就是自由的主體。」

❤有選擇的「存在」，有選擇的責任

「還是說點兒實際的吧，這樣空泛地談自由未免太抽象了吧。」這依舊冷冷的說話態度，毋庸置疑是家明同學。

「哦，好吧。其實，我提出『存在先於本質』的意義正是要告訴人們，我們並非是被某種本質所支配的存在，而是先於本質的存在，是可以憑藉自己的能力來開闢人生道路的存在。這個理論的提出對整個社會的發展具有非同一般的意義，因為它挽救了很多人的命運。」

「曾經有過一段時期，社會的複雜變化，國家的迅速發展，令很多人對自己的存在產生懷疑，感覺自己的渺小和存在的無意義，進而令他們產生了自殺的念頭，這對整個社會而言是一種可怕的現象。而『存在先於本質』的觀點恰恰挽救了那些開始搖擺的『生命』。『存在』存在於我們此時此地的每一個個體，而本質則是

李萍老師知識補充站

人的價值不就體現在人的主觀能動性上嗎？

已經被確定下來的狀況，因爲『存在先於本質』，所以，世間萬物的本質都是由先於本質的存在此地的『我們』所決定的，如此看來，我們人類的存在自身就是一件偉大的事情，我們是世間最自由的存在。」

「如果要具體地來說明『人是自由的』這個主題，自然要從我們行動上的自由狀態來說明，而所謂行動中的自由又集中體現在我們的選擇之中。」

「人都有選擇權，不管你生活在什麼樣的環境中，不管你是殺人犯還是你有選擇恐懼症等，只要你是作爲一個人而存在，那麼你就有選擇權，你的行爲完全由你自己決定。」

「曾經，人們用上帝、宗教來指引自己的行爲，但是有人喊出了

『上帝已死』，這一語驚醒夢中人──人應該自己站起來走路，這個世界不應該存在某種規則指點人們應該怎麼做，這個世界不應該有從『天』而降的『條例』。」

「選擇？誰說我們有選擇的權力就是自由？很多時候我們是被迫選擇，並非自願地選擇，那也叫自由嗎？我不想結婚，但是我必須為了某些人或責任而選擇結婚對象，這難道不是不自由嗎？」家明同學有些抱怨地說。

「對於自由而言，沒有成功與失敗、好與壞之分。不管你的選擇是否出於自願，不管你的選擇是否使你獲得自由，你都是選擇了，而選擇行為本身就是自由。我來說一個故事吧。」

「第二次世界大戰期間，有一個年輕士兵不知是該從軍報國還是留在家鄉陪在母親身邊，為此糾結不已，彷徨不定，於是向我求教，當時我給了他一個答案：『你是自由的，所以你自己選擇吧。』所以說，我的自由並非指向選擇的結果，而是指向自由選擇，即使不選擇也是一種選擇，即人自由地選擇自己不選擇，有點兒馬克思的辯證法味道了。」

「不過，作為個體，我們生活中存在太多的無可奈何，甚至殘酷的現實時刻，這些都提醒我們：我們的行為不只是著眼於自身的存在，而是時刻影響著周圍的存在，我們享受自由的同時，必然要對我們的行為負責，因為獨立的個體是無法與社會整體割裂開來的。自由不是絕對的、無條件的，而是伴隨著責任的，當我們自由選擇，即使是被迫選擇時，我們的選擇必然會影響到其他人，我們的隨心所欲可能就會給他人帶來麻煩，我們的自由也就等於是破壞了他人的自由。同樣，他人的隨心所欲也破壞了我們的自由。所以，為了避免這種狀況的發生，我們首先必須要考慮到他人的感受，正如我們總是會有行為後果預見的這種理性思維一樣。換言之，如果我們生活在一個集體中不考慮他人的感受，不考慮行為的責任，那麼我們反而會讓我們的自由失去保障。」

「整個社會制度的演變也是如此。讓所有人享受自由的唯一方法就是制度重組，建立統一的規章制度、法律法度，保障民眾自由的同時也讓民眾明白這種自由要『考慮他人的感受』，任何人的隨心所欲最終都

自由與責任

那麼首先你要保證不會制造戰爭、衝突！

那你要保證他人也能從你這裡得到尊重！

那你同時保證平等對待他人！

我想要平等！

我想要尊重！

我想要和平！

他人的存在就是你的責任，你的存在對他人而言也是責任。在享受的同時，也要對他人的自由負責，因為無法保證他人的自由的自由是無法實現的。

會導致自身喪失自由，即打破別人自由的同時自己也會喪失自由。」沙特老師來回地走了幾步，又回到了講臺中央。

「哦，的確是這樣。過去的奴隸社會、封建社會便是某些人按照自己的標準來訂立準則，沒有保證所有人的自由，最終他們所享受的自由也被那些曾經沒有自由的人打破；而現在，我們在平等的社會下雖然是受到法律、規章制度、道德標準的制約，但是這些制約條件恰恰是為了保障我們的自由而存在的，**如果沒有了這些制約條件，我們又何來享受不被他人破壞自由的『自由』呢？所以說，自由是要承擔責任的，對不對？**」小米似乎有些激動。

「沒錯，妳的回答非常正確。自己存在的責任應該由自己擔負，人要對所有人負責。正如杜斯妥也夫斯基所說的，『上帝如果不存在，任何事情都會獲得允許。』人是自己創造的東西，具有按照自己的意志選擇結果的特質；人是自由的，不能以其他事

李萍老師知識補充站

重點就在這裡：正像沒有義務就沒有權利一樣，沒有限制也就沒有自由！

物作為解釋自己困境的託辭，從存在於世界的那一刻起，人就應該為自己的一切負起責任，這與上帝存在與否，與人類的處境無關。」沙特老師抽了口煙說道。

❤ 何為「愛」

「不知道在座的各位有沒有過這樣的感覺，當你在人前出糗或者做了令自己感到羞恥的事情時，你是不是非常懊惱，恨不得從對方那裡把『自己』給搶回來，把對方腦海裡的那個自己全部抹殺掉？」沙特老師繼續提問。

「沒錯，我就有過那種感覺。我曾經在同學和老師面前一直都是脾氣溫和的好夥伴，但是有一次，就那麼一次，我居然因為一個小小的誤

會而使一位同學遭受了委屈，這令很多人都對我不解。而我在事後也是極其懊惱的，而且我清晰地感覺到，在我對那位同學發火的那一瞬間，我就意識到自己的失態，但我反而更加惱火，似乎是在跟自己過不去一樣。」余意同學慢慢地講著過去的事情。

「呵呵，的確。在你發火生氣時，你也是有感覺、有意識的。也許正因為有外人在，因為感覺到他人的目光，所以你才會更加生氣。原因就是，你是存在於那裡的對象。在他人那裡，他能觀察著你絕對看不到的姿態，形成你所沒有的對你的印象，這種時候，他人正『觀察』著你，而你就想要從別人那裡搶回『自己』。一般而言，羞恥、羞愧感是不可能缺少『他人』這個媒介的。」

「進而言之，我們的存在雖然是自由的，但是在與他人之間，我們的身體也是被他人認識和利用的，我們存在的同時也作為被他人認識的東西而存在著的，也是被作為『他有化』的事物。」

「同樣地，我們看別人的時候，也是以己之目光，把對方當作自己的東西，用自己的眼光來評價對方。這樣一來，我們和他人之間就是一種矛盾的存在，因為對方眼裡的我們可能和我們自己所認識或者我們本來的樣子不吻合。而且，我們又希望對方成為我們觀察他們所希望他們存在的樣子。總結起來也就是我們想從對方那裡奪回自己的存在，同時也想剝奪對方自由的存在。而這種關係之中，最應該拿來說的就是『愛』了。」

「『愛』就是一種所有關係，是想方設法讓對方成為自己所有。不過，愛又是最討厭暴力的，如果只是想透過暴力來爭取愛，就是要奪走對方的自由，那麼愛只會越走越遠。想要得到真愛，應該是讓對方『服從』，在對方自願的情況下擁有對方，一旦失去了自願，愛情就會變得無趣，所以，我認為，**真正的愛情源於雙方自由決定自己。**」

「大家應該都知道我與西蒙・波娃之間的淵源吧，她是我的妻子，又不是我的妻子，我們從來沒有結婚，但是我們是比夫妻還要更加親密的朋友、伴侶，而在與她的愛情過程中，我也實現了我對愛情的理想追

求。我們之間有一個所謂的『愛情聯盟』：兩個人保持親密無間的關係，永遠無話不談、坦誠相見，不得欺騙對方，更要不加掩飾地說出一切。我們不妨礙或阻止對方的『偶然』或『次要』的愛情，但我們不說謊，永遠摯愛對方，我們不會結婚，不會奉行一夫一妻制，但是，即使我們和其他人在一起的時候，我們仍是互相愛著對方的。而且，我一直堅信，我們之間奇特的愛情，並非是由其中單方面所決定的，而是由我們雙方獨特的個性和想法所創造出來的，並非是西蒙・波娃選擇了我才成為了西蒙・波娃，而是因為她是西蒙・波娃，才選擇了我。這是我的

真正的愛情

　　「愛」是一種所有關係，是想方設法讓對方成為自己所有。但是「愛」只有在雙方自願的情況下擁有對方，一旦失去了自願，愛情就會變得無趣。

奪取對方自由的「愛」

讓對方自由擁有自我的「愛」

真正的愛情基於雙方自由決定自己。

榮幸和幸運。」

「所以，我在此以一位朋友的身分告誡大家，想要愛對方和被愛，就要保持雙方之間的自由，這是非常難能可貴的。」

「好了，今天的課就到此結束了，期待我們還能再見。」

沙特老師的課就這樣結束了，但是，很多人似乎還意猶未盡，這的確是一位非常特別的老師，小米還沉浸在他所說的「自由」的「愛情」中，感嘆並羨慕著沙特與西蒙・波娃之間的特別之愛。

沙特老師的話

　　愛代表對他人的態度，以他人的自由為基礎，嘗試著讓自己也自由地存在於他人的意識之中。

林夏聽完了這堂課突然想起了之前的「菜刀」風波，不禁莞爾一笑。

沙特老師推薦的參考書

　　《存在與虛無》沙特著。本書是沙特的存在主義代表作，在哲學史上具有重要的地位和影響力。本書主要包括四個方面的內容：虛無的起源；自為的存在；我和他人；擁有、作為和存在。

　　《存在主義即人文主義》沙特著。本書由兩篇文章構成：〈存在主義是一種人道主義〉和〈今天的希望：與沙特的談話〉。前篇發表於1946年，沙特寫此文的目的是「針對幾種對存在主義的責難而為它進行辯護」，同時指出它與其他哲學流派的異同。後篇發表於1980年沙特去世前不久，沙特在其中強調了他的存在主義本質上是一種對人生充滿希望的樂觀主義哲學。

　　《第二性》西蒙・波娃著。本書被譽為「有史以來討論婦女最健全、最理智、最充滿智慧的一本書」，甚至被尊為西方婦女的「聖經」，揭開了婦女文化運動向久遠的性別歧視開戰的序幕。西蒙・波娃指出，除了天生的生理性別，女性的所有「女性」特徵都是社會造成的，男性亦然。

漢娜・鄂蘭老師主講「生活」

> 人如果不工作就能生活該有多好呀！好嗎？其實不好……

漢娜・鄂蘭（Hannah Arendt，1906—1975）

美國現代女性思想家，猶太人，原籍德國，曾師從於海德格和雅思培，深受他們的影響。第二次世界大戰期間，為了躲避納粹迫害，她不得不逃亡到美國。1959年她成為普林斯頓大學任命的第一位女性教授。其主要著作有《極權主義的起源》、《人的條件》、《過去與未來之間》等。

「曾經，一個18歲的少女，滿懷著對知識的熱忱進入了夢寐以求的大學。有一天，她被一位老師請到辦公室，那是一個下雨天，她脫下雨衣，內心非常地緊張。之後，她和老師一起從哲學講到宗教，從家庭談到社會等等。在這漫長的交談中，那個女孩被老師的學識和精神深深地折服了。幾天後，她便收到了一封以她的名字為抬頭的散文書信，而寫信的人就是她的老師。當時，她內心的澎湃和喜悅幾乎無以言表。接著是第二封，很快，這個女孩就和自己的老師陷入了無法自拔的愛情之中。」

「不過，縱然那個女孩小心翼翼地經營著這段戀情，但是，最終那名德高望重的老師還是慢慢疏遠了她，這給那個女孩留下了深深的痛苦。從此，她把生活的重心放在研究與探索上了，並且，一直都以默默無名的方式支援著曾經的戀人，甚至不惜以偽裝自己，不承認自己的思想和成就來維護老師的自尊心和面子。不過，最後，那個女孩覺得，自己應該認真地對待學問，於是她選擇爆發，並且一發不可收拾，當然，這也令她的老師對她極其憤怒。」

沒想到，今天的哲學老師是一位女性，並且以一個非常獨特的開場白和大家認識，那位走上講臺的女哲學家穿著簡單，但不失風雅，渾身散發著由內而外的高貴氣質和內涵，令在場的人都沉浸在她性感雙唇裡蹦出的文字中。

♥ 政治和社會不能混為一談

「大家好，很高興能跟大家見面。剛剛我所說的故事的主角就是我，漢娜·鄂蘭。而我的老師你們已經見過了，就是海德格老師，雖然我們還沒有碰面，但我想他應該不再生我的氣了。好了，不說了，已經耽誤了一些時間，我們趕緊進入今天的主題吧。」

「說到生活，我想應該是一個比較複雜的問題，生活是什麼？生活不就是為了混口飯吃，大多數人都會有這樣的想法吧。如今的生活壓力，已經讓很多人感覺到了生存的壓力。」

「網路上有這樣一句話：『生容易，活容易，生活不容易。』這句

話說得非常有道理，生活就是生存的狀態，有的人追求生活的質感，而有的人只爲填飽肚子，但不管是前者還是後者，大家都必須具備一個條件，那就是『勞動』。有勞動才有收穫。」

「在學術界，大家都知道，我的研究領域主要是政治，對於『政治』的概念，我有過很多文章對其進行了詳細論述。不過，這並不影響我講『生活』，因爲，生活和社會是緊密相連的，而『政治』和『社會』也是相互依存的，所以，研究『政治』就必然要研究『社會』這個概念，你們不用擔心我在這方面的熟悉程度。當然，我之所以不選擇『政治』這個主題，主要是我覺得這個話題比較敏感，又比較枯燥，爲了不給大家增添更多的『煩惱』，因此，我還是講講『生活』吧。」

「我覺得，我有必要先來說說『社會』，這對理解『生活』會有幫助的。」

「大家應該知道，我是一個猶太人，雖然這個民族的人民遍布世界各地，但在這個星球上，猶太人是沒有自己的國家的。你們可能很難想像，猶太人曾經遭受過人類史上最殘酷的迫害，那幾乎是滅絕性的大屠殺，存活下來的猶太人也同樣忍受著各種排斥和迫害，我自己就曾親身經歷過，因爲猶太人的身分而被迫遠走他鄉的苦楚。可以說，幾乎所有的猶太人都缺乏歸屬感，這是一個沒有國家、沒

李萍老師知識補充站

　　對猶太人問題的探討一直是人文學界的一個熱門項目，爲什麼猶太人會被厭惡，乃至遭到血腥的屠殺？這既有社會本身的原因，也有猶太人自身的原因。感興趣的讀者可以多找一些這方面的書看看。

有政治的民族，這也是我對『社會』和『政治』這些話題比較看重的一個原因。」

「在我的一部早期作品《拉爾・凡哈根：一位猶太女性的生活》中，講述到一名叫拉爾・凡哈根的猶太女性，她滿懷希望和激情地試圖透過個人的力量來努力獲得社會的承認，但是，最終，她得到的只有失望和無奈。社會並不像政治自由，社會也沒有給人類提供自由平等的空

間，相反，它充滿了偏見、歧視，處處都存在門第、種族、金錢、權勢
等。世俗標準將人分為三六九等，而且，社會問題和政治問題是不同
的。社會問題是與生計、生命延續相關的問題，比如，『麵包問題』、
貧窮問題，簡單說就是經濟問題，是完全可以從一個公共問題縮小為家
庭私人問題的一種問題模式。而政治問題完全是制度上的問題，無法縮
小到家庭問題上來，只能以公共問題的方式存在。因此，我認為，不能

按照政治問題的邏輯去解決社會問題。政治問題可能透過推翻舊政權，建立新政權就能成功革命，但是，社會問題在政治問題解決的同時也自然生成了，或者說是取代了政治問題，從建立自由政體轉向了解決『麵包問題』，而終有一天，『麵包問題』又會導致政治問題的激化和爆發，革命由此又掀起一段風雲。」

「聽您這樣說，豈不是沒有盡頭了？政治矛盾和社會問題此起彼落，那就永遠都不可能有和諧的時候存在了？」小米突然爆發出一個疑問。

「可以這麼說，我們應該明確知道政治和社會的區別，不能將兩者混爲一談，嗯……社會是滿足人類需求和欲望的體系，而政治是與物質和欲望相分離的，只是給人自由、賦予人生意義等。不僅不能試圖在政治領域裡尋求解決社會問題的方法和福利，更有甚者，每一種以政治的方式解決社會問題的嘗試最終總是導致恐怖，這在歷次革命中都能得到印證。」漢娜‧鄂蘭老師表達的時候有些吞吞吐吐，似乎有些話還沒有說完，又像是想說而不得說，這令大家更是不解了。

「您似乎有難言之隱。我想我大概能理解，就像有的政權要求官員不能經商是一樣，一旦政治和經濟相關聯，不僅政治會亂，就連經濟也會變，的確不好辦！」沒想到葛老居然看得如此透徹。

♥ 我們爲什麼要工作

「呵呵，原來您這麼懂我。這個問題就到這裡，我們接著說下去。」

「雖然說政治是人自由的體現，但是，似乎人們都更加關心『麵包問題』。畢竟，對於老百姓而言，政治似乎跟他們毫無關係，吃飽飯才是硬道理，甚至有時候盲目地關注生計，導致人們很難從中區分出政治問題，難以將政治問題與其他問題劃清界限。既然如此，我們就講講『麵包問題』吧。」

　　「『麵包問題』說白了就是經濟問題，換句話說就是生計問題，而為了解決這個問題，我們不得不出去工作，有的人選擇了自己喜歡的工作，有的人厭惡自己的工作，而不管是什麼工作，我們都必須勞動，有勞動才能有收入。當然，也有人是不工作的，比如那些靠領取生活救濟金的人群，這樣的人是占少數的。我想問問在座的各位，你們是否厭惡自己的工作呢，哪怕只有一分一秒的厭惡？」

　　「您這樣問，大概沒有人會說『不』。」家明同學一邊說一邊環視著教室裡的所有人。真的如家明所說，大家沒有一個人回答，都以無聲來表示默認。

　　「呵呵，看來大家都對工作曾經產生過厭惡，不管厭惡程度是多少。其實，很多人從踏入社會的那一刻起，就對工作產生了厭惡，這是為什麼呢？因為，從工作開始，他就感覺自己是被束縛的，是不自由的，覺得自己的人生也是被束縛的，男人要穿西裝、打領帶，女人要穿高跟鞋、要化妝……幾乎工作的人就是如此，千篇一律，沒有特色，任誰也不會覺得工作很好。」

　　「不過，也存在喜歡工作的人，這樣的人比較幸運。那麼，他們為什麼會喜歡工作呢？泰戈爾說過這樣的一句話：『工作能使我遠離懶惰、不道德以及欲望。』對於工作，人與人之間有不同的理解，有的人即使無法生存下去也要堅持工作，而有的人有工作也不願意去做。」

　　「老師，我覺得把理想當作工作的人，會喜歡工作，把工作當興趣的人不會厭惡工作。」小米插話道。

　　「當然，那是最理想的狀態了，能夠為了夢想而自願努力工作。但是，現實是比較殘酷的，幾乎很少有人不會產生『職業倦怠』，但為了生計，人們還是不得不辛苦地工作，甚至是不辭辛勞地拼命工作，即使是心理上對工作已經非常厭惡了，也還是堅持做著厭倦的工作，為什麼？就是為了生活、為了謀生、為了解決『麵包問題』。漸漸地，人們就變成

漢娜‧鄂蘭老師的話

　　工作給我們帶來的東西很複雜，工作也有它的魅力，這需要我們去發現。

爲了工作而勞動，把工作當作人生價值的唯一標準，爲了工作而犧牲其他所有的事情，這樣只會令人們更加厭惡工作，這的確是非常痛苦的一件事，尤其是在青年時期就已經產生了職業倦怠的人。」

♥ 「勞動」與「工作」有什麼區別

「在我的《人的條件》一書中，我還提到了『勞動』和『工作』的區別，雖然很少有人提到這個問題，但是從這兩個詞的詞源本身來看就是不同的。不過，從人類的實踐活動來看，這兩者都屬於實踐活動的一部分，並且和『行動』概念一起構成了人的三種最基本的活動。」

「勞動是相對於人體的生理過程而言的，是人消耗體力與自然界進行能量交換的活動，每個人的自然生長、新陳代謝及最終的死亡都受到勞動的約束。可以說勞動體現了人與其他動物共同的一面，即勞動是人類的生命本身，是自然性的。」

「工作則不是一種自然活動，也不是天賦，工作是人運用原材料按一定的標準進行的活動，它所製造的勞動成果——工作物是具有持久性的，工作是與人類自身的存在沒有自然性聯繫的行爲。例如，工作製作出某個工具、設計某個建築等。勞動滿足了人類生理上的基本需求，而工作所營造的則是一個與自然界截然不同的『人工世界』，亦即文明的世界。」

「最後一個要說的是行動了。行動是人類的完全自由的活動，不受制於必然性，也不爲功利動機所左右，是唯一不需要借助任何中介進行的人的活動。行動實現的前提是他人在場，但卻不受『他人在場』之決定，是一種與他人互動的共同交往。可以說，行動體現了人的群體性，但同時又展示人的獨特性。行動是一個具有個人色彩的概念，將個體與他人區別開來，並展示出個體傑出的個性。不過，我又要說到『政治』了，因爲政治生命的一個重要條件就是群體性，需要人的交流，這樣看來，這三種基本活動中，行動是最符合這種條件的，不僅是充分條件，

人的三種最基本活動

勞動

勞動相對於生理過程而言，是人消耗體力與自然界進行能量交換的活動。

⬇

會被迅速消費掉

工作

工作是非自然性活動，製造出符合自己意願的東西，營造「人工世界」。

⬇

具有持久性

行動

行動比較自由，不受制於任何功利性動機，但也離不開群體。

⬇

體現人的群性，展示人的個人色彩

而且還是必要條件，這一點是勞動和工作所不具備的。」

「很明顯，我們可以從中看到勞動和工作的區別，從某種意義上來說，工作更能體現我們的自我價值，工作可以不像勞動一樣是我們非做不可的事情，還可以包含實現理想和自身價值的作用。」

「和勞動相比，工作相對更自由，而和行動相比，行動的自由度則要更高一些，能把行動和工作合二為一的人當然是最幸福的。比如藝術家，做自己喜歡的工作，把工作當作理想，當然前提必須是能夠

李萍老師知識補充站

對於漢娜‧鄂蘭的「勞動」、「工作」和「行動」三個概念，我們不能用我們現在約定俗成的含義去理解。她的這三個概念各有側重。「勞動」指的是生產物質產品，滿足人的肉體生存的活動，偏重於體力勞動；「工作」指的是創造各種物品和價值，偏重於利用技術手段的生產；而「行動」則完全不是為了維持人的肉體生存，而是在公共領域自由自覺的活動。

不被功利性的事物所制約，畢竟如今的現實社會能做到這樣是很不容易的，不是嗎？我們能否從工作中感受到無限的樂趣，只有看我們如何去尋找了，這就要仁者見仁，智者見智了。」

♥ 平衡工作與生活

「老師，從工作中找輕鬆、找快樂，那是多麼浪漫哪！您知道嗎，我們每天的工作量要遠遠高出正常情況下的工作量，這個『正常情況』就是說正常8小時工作時間內正常吃飯、正常去廁所、正常喝口水、吃個零食或是看看窗外的風景等。所以，如果想把工作按照正常的水準完成的話，8小時內除了不吃不喝，不休息不離開工作區域，還要時刻保持頭腦清醒，不能有絲毫的懈怠，否則就必須加班。當然，也有人是不用如此的，有的人工作很閒，甚至整天無所事事，可是這樣的人也不滿足，反而羨慕忙碌的人。如果照您說的，人人都找自己想要的工作，那麼估

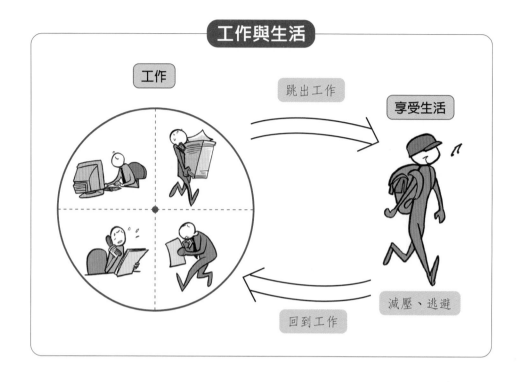

計失業的人更多，而有的公司卻因為找不到人而倒閉。」家明同學的話恰恰說出了大家的心聲，很多人也無奈地嘆著氣。

「沒錯，現實畢竟是現實，如今的社會已經和我們那個年代大大不同了，你們這一代的生活壓力的確很大，現在的年輕人已經很少像我們那時候一樣懷揣夢想就足夠了，金錢和社會地位已成為肯定人生價值的一個重要方面。在巨大的生活壓力下，人們渴望的僅僅是能夠擁有更多的私人空間和時間，能夠有更多時間享受天倫之樂，所有人都渴望能夠生活在充實而富足的社會中。」

「可是，不工作就能生活，這樣就一定好嗎？你也說了，那些整日無所事事的人也會討厭自己的工作，反而羨慕忙碌的工作狀態。為什麼？還是我之前所說的，工作也是具有魅力的。」

「我知道，馬克思強烈批判資本主義經濟私有制下的分工勞動導致了人類的異化，分工的勞動只會令人類從精神和肉體上變得更加機械，

勞動行為和生產物完全與勞動者脫節，這完全與人類的生存本質相異。所以，改變這種生存狀態就必須從機械勞動的狀態中脫離出來，讓勞動者在工作中勞逸結合，縱然無法像夢想一樣珍惜工作，但至少不要怨恨工作，這算是比較折衷的方法了。在此，我給大家推薦一種活動，那就是旅行，旅行是一種很好的減壓方式，週末在同城旅行，長假到外地旅行，就當作是短暫的『逃避』吧！適時從工作中跳脫出來，享受美好而新鮮的生活，也不至於讓枯燥的工作長久地積壓在心裡。所以，如果無法徹底改變生活，那就盡量讓工作、生活之間達到平衡吧。」

　　就像來時那麼突然一樣，漢娜‧鄂蘭老師離開時也是那麼突然。今天的課堂內容給了大家很大的感觸，既然沒有勇氣徹底改變現狀，無法重新開始，那麼就試著從工作和生活中尋找更多樂趣吧，這樣才會讓自己感到快樂，才對得起自己。家明在回家的路上還在想，有空一定要讀一讀《人的條件》這本書。

漢娜‧鄂蘭老師推薦的參考書

　　《極權主義的起源》漢娜‧鄂蘭著。1949年寫成，1951年初版名為《我們當前的負擔》：1958年再版時增加了一個結論性的文章〈意識形態與恐怖〉，書名也改成《極權主義的起源》。全書分為三個部分：反猶主義、帝國主義、極權主義，從19世紀中歐與東歐歷史中的反猶主義入手，探索其中的極權主義因素，然後審視歐洲的殖民帝國主義。

　　《人的條件》漢娜‧鄂蘭著。本書透過對勞動、工作和行動，權力、暴力和體力，地球和世界，以及財產和財富等諸多概念的區分，強調了人在面臨現代社會高度科技化、自動化和經濟現代化的情境下，仍然具有開創新事物的行動能力，從而重新樹立人們對於人類事務的信念和希望。在這本書中，漢娜‧鄂蘭繼續發展「平庸是惡」的觀點。她認為正是那些「無思」的人，使得極權主義獲得了一個穩固的基礎。在極權主義社會，平庸就是一種惡。

第十堂課

尼采老師主講「人生」

人生為什麽要有那麽多的悲劇？人生的意義到底是什麽？

弗里德里希 · 威廉 · 尼采（Friedrich Wilhelm Nietzsche，1844—1900）

　　德國著名哲學家，西方現代哲學的開創者，卓越的詩人和散文家。他25歲的時候就受聘爲巴塞爾大學教授，之後離開學校專注於寫作。在生命的最後十年，他多次進入精神病院，並在家人的照料下離開了人世。他對基督教發起了猛烈的批判，高呼權力意志和「超人」哲學。其主要著作有《悲劇的誕生》、《查拉圖斯特拉如是說》、《人性的，太人性的》等。

最近，林夏身邊發生了很多事。先是同事的哥哥突然發生了車禍，再是好朋友的父親被診斷爲思覺失調症，並且在進京就醫的途中被小偷騙走了錢包，總之，都是一些壞消息。

連續的悲劇上演，讓林夏的情緒也跟著低落了幾天，就在剛剛聽到了一個壞消息後，林夏實在是無法再平靜了，她走在大街上，愁緒萬千……「這個世界到底是怎麼了？生活爲什麼如此不如意？」

帶著滿腹的不理解，林夏走進了那個巷弄……

♥ 上帝被我殺死了，你們還在信仰什麼

「一天早晨，查拉圖斯特拉面對著和煦的陽光，說道：『看啊！我像積攢了太多蜂蜜的蜜蜂一樣，已經開始厭倦我的智慧，我需要一雙伸過來領受這智慧的手，我要將他們都送出去……』於是，查拉圖斯特拉就帶著這種超越人類所擁有的堅定信念，開始了下山之路。在途中，他遇到了一個聖人，聖人對他說：『什麼也別給他們。因爲與其給他們智慧，還不如幫他們分擔一些負擔，減輕他們的重擔。』查拉圖斯特拉回答了句：『我作詩、我唱歌；當我在創作時，我歡笑、我流淚、我低吟，借此我讚頌上帝。』」

「可是，與聖人分別之後，查拉圖斯特拉獨自走在小路上，突然說道：『哎呀，這是不可能的事情呀！那個老聖人，住在森林裡，肯定還沒聽說上帝已經死了。』」講這話的人正是一位走進教室的學者，他戴著金框眼鏡，留著鬍子，頭髮梳成七分右偏，看起來非常有精神。

辜萍老師知識補充站

上帝死了，所以沒有人能保護我們，我們只能靠我們自己！

正當大家還未從他剛剛所講的故事當中跳脫出來時，他又說道：「大家好，我是尼采，很抱歉以這麼突然的方式出現，剛剛我所講述的是我的一本書——《查拉圖斯特拉如是說》中的一個片段，正是我的『上帝已死』的思想，毫無疑問，這在當時是一個非常具有衝擊力的發

上帝已死

尼采認為，基督教倫理約束人的心靈，使人的本能受到壓抑，要使人獲得自由必須殺死上帝，對傳統道德進行清算。

你只是殺死了上帝，卻無法給世人的內心尋找一個寄託，而我不僅要殺死上帝，我還要給人們找到新的精神文化。

言，因為，我將世人一直認為理所當然地活著的存在，宣告為死亡，我這樣做就是為了警醒世人不要迷信基督教的謊言和說教，同時也是和基督教的一種抗爭。」

「瞭解過《聖經》的人應該都知道，基督教就是一個專門撫慰弱者的宗教，宣揚弱者的善，讓那些弱者安於現狀，沉默著忍受痛苦就能等到救世主的降臨。可是，事實卻並非如此，那個所謂真正能夠拯救世人的救世主根本不可能出現，那根本就是捏造的。」

「我們不該把自己的人生寄託在一個所有人都不曾見過的被稱為『上帝』的人身上，當你一直承受著痛苦時，你在心裡默默地念著『一切都會好的』、『上帝會眷顧我的』，這樣做就真的好嗎？這和那些一生都接受自己奴隸身分並為此而世

尼采老師的話

要真正體驗生命，你必須站在生命之上。

代為奴的奴隸有什麼區別呢？即使我們把所有的希望都依靠在上帝身上，那也對我們自身沒有任何實質性的幫助，除了令基督教越發強大。」

尼采的哲學思想 VS. 傳統的基督教思想

自在存在

人造物：性質 / 功能 / 用途 ➡ 製造 ➡ 完結的成品

本質 ━━━━━━━━━━━━➤ **存在**

自為存在

偶然的產物 ➡ 透過「選擇」來籌劃 ➡ 現實中的
自己的「人生」 自己

存在 ━━━━━━━━━━━━➤ **本質**

傳統的基督教思想	尼采的哲學思想
・強調馴服、柔順、慈悲、憐憫，讓人變得怯懦無力 ・提倡無私，認為自私是惡的根源，將人本能的自私、自愛和自我視為罪惡 ・人只有無私，捨己為人，才能得到上帝的眷顧，才能得到永生	・創造精神是人類的希望，是人類的進步 ・人的自然本能不該是人的罪惡，因痛苦而忍受的行為不是美德，慈悲不是道德的普遍原則 ・生命本應該是一個有創造力的超人

壓制生命的本能

悲劇是人性的局限導致的

肯定生命，創造自由

悲劇人生是生命的一部分

上帝已死，一切價值重估！

「其實，在這一點上，我並非是跟『上帝』過不去，而只是想讓人們早早從那種所謂奴隸道德中解脫出來，重新樹立堅強的自我意志。因為，基督教已經變了，不再是初創時的解救被壓迫者的初衷了，而是轉化為統治壓迫者的宗教了。你們很難想像，在當時，宗教可以說是統治者的劊子手，即使殺死了被稱為神的上帝，卻還有資本化身的上帝存在。」

「所以，我認為，上帝是該殺的，基督教倫理約束人的心靈，使人的本能受到壓抑，要使人獲得自由，必須殺死上帝，對傳統道德進行清算。不過，傳統的道德觀念畢竟深深滲透於人們的日常生活之中，腐蝕了很多人的心靈，即使上帝的存在基礎沒有了，人們沒有了信仰還是會信仰上帝、崇拜上帝的。因此，我的職責就是要給人們找到新的精神文化，賦予生命新的文化，對人生意義做出新的解釋，換句話來說，就是壯大人們的個體意識，而不是一直讓宗教來唱主角。」

● 人生的意義到底在哪裡

「既然如此，我們就不得不來說說人生的意義了。」

「關於生命哲學的探討是從叔本華開始的，你們已經聽過他的課了吧，他堅持認為世界是意志和表象，意志屬於操控人生的意欲力量，一切生命現象的本質都歸結於痛苦，欲望得不到滿足，人就會陷入痛苦之中，如果欲望得到暫時的滿足，人們又會感到無聊，人生不過是在痛苦和無聊之間來回擺動。生命意志總是附著於個人的，個體生命的必然結局是死亡，個體生命是有限的，而意志是充斥整個宇宙的生命力量，是無限的本體。所以，無限的生命意志在有限的個人身上必然得不到滿足，要想解脫痛苦，就只能消滅意志，否定生命意志。」

李萍老師知識補充站

叔本華和尼采都是唯意志論者，但是叔本華走向了悲觀主義，尼采卻走向了樂觀主義。你同意誰的觀點呢？

「我贊同他的人生易變、世界充滿悲劇的論斷，但是，我堅持人生的意義來源於肯定而不是否定生命意志。痛苦並不是人生的主要部分，只是幸福人生的興奮劑。」

「按照叔本華的說法，人生就是悲劇的寫照，悲劇文化才是生命的真正意志表現。而我卻覺得悲劇只是人類展現人生藝術的途徑，悲劇人生並不是為了展現痛苦和無奈，而是要揭示『悲劇精神』，也就是展現人類戰勝悲劇的人生態度和超越精神。通俗點兒說，就像大家經常所說的：『不經歷風雨怎能見彩虹』，沒有痛苦的存在，又如何才能體會到幸福的甜美？沒有痛苦的考驗，人性又如何能在承受中彰顯美好和尊嚴？」

「我們在承受痛苦的時候，往往都會質疑人生，對生命的意義產生懷疑，那種悲觀主義的氾濫幾乎都能把我們淹沒，那種窒息的痛楚甚至讓人自殘。我瞭解那種痛苦，因為我的成長也是一部悲劇式的典範：幼年痛失雙親，青年又遭遇愛情和友情的背叛和打擊，終身飽受病痛的折磨和孤獨的煎熬，我從不懷疑悲劇，我甚至對它產生了敬畏，但我從不懷疑生命，如果我有任何一次對它產生過質疑，那麼我可能早就像維特一樣，以自殺來結束這一切了。」

　　「面對神祕莫測的自然、變幻無常的災難、稍縱即逝的生命以及未知的死亡世界，你的任何反抗都顯不出偉大，反而正面地肯定它們才能顯得你更加堅強。用逃避痛苦的方式來肯定生命，倒不如用肯定生命的痛苦來肯定生命。這意味著你是在用快樂譜寫生命，你毫無保留地接納生命中的悲苦，也就等同於接納了生命的內在，這樣的話，人生還有什麼悲劇能夠摧毀你有限的生命呢？」

　　「你們要相信，在你承擔生命中的任何困難、危險和毀滅的同時，你的生命力量也在不斷地強大和提升，用讚賞的態度承認生命的悲劇和恐怖，這才是對痛苦最美麗的譜寫，才會讓生命綿延不絕。」

♥ 追求更強的意志才能活下去

　　「老師，我曾經看過一部影片，講述的是一個善良的姑娘在前世被一些人殘忍地殺害，轉世輪迴之後，她帶著仇恨來復仇，在復仇的過程中，她自己也越來越痛苦和矛盾。那麼，她的悲劇是肯定了生命還是否定了生命呢？」余意同學大概說的是他在國外所看的一部電影。

　　「人生並非都是合理的，對於不合理的部分，我們只有接受，只有從本質上接受了痛苦，才能夠堅強並快樂地生活，對生命的解釋才是正面的。」

　　「而你說的主角在復仇的過程中並沒有享受到快樂，反而令自己更加痛苦。她不接受痛苦才會對自己的悲劇產生懷疑，她要為悲劇找到一個發洩的突破口，所以，她對自己輪迴的生命並不是抱著負責的態度，反而是在否定生命，或者說她根本就沒有勇敢地承擔起『回歸』，我們也可以說她是在害怕痛苦，因為前世的痛苦讓她在輪迴之後想方設法地要改變痛苦的命運。」

　　「其實，真正地想要堅強地生存下去，擺脫悲劇人生，就要能夠正面回應『回歸』的痛苦，抱著一種『再來一次，那樣很好』的積極心態來面對人生。這樣的人，我會稱他為『超人』。」

「超人？不會是和蜘蛛人一樣的吧！」家明同學突然冒出一句幼稚的話，讓大家都不禁大笑了起來。

「呵呵，我所說的『超人』可比蜘蛛人要厲害得多，他能夠承受『永遠回歸』的痛苦，無論遭受多少痛苦都能用積極的心態面對人生，因為，他具有超強的意志，這樣的人是不需要上帝的眷顧的。」

「不過，你不要以為強意志力就是能力、力量，那是不可能的。**雖然說，這個社會每天都會有問題發生，而且問題終究都會被解決，但是，那並不是我們的能力，我們有的只是意志力，就算是超強的意志力，也必須在採取行動之後才能解決問題，或者說強意志力在與行動相結合的時候才能算是力量。但現實卻並非總是如此簡單，因為，我們的行動不可能永遠順利。當不順利的時候，我們就會怪罪於現實的殘**酷，而不去思考自己的強意志力給了你太多強烈的欲望，讓你產生了太多不切實際的幻想。」

李萍老師知識補充站

任何設想和意志，如果不轉化為實踐，都是沒有效果的。

「所以，超人除了具備行動的強意志力外，還要具備承受結果的意志力，不管結果如何都甘心接受，積極面對。」

「我的著作中曾經這樣描述絕望之境 —— 最好最妙的東西是不要降生，其次就是立刻死亡。呵呵，是不是相當地悲觀？所以，我說，消除這種絕望屏障的最好辦法就是不斷地創造和超越，像那些古希臘悲劇英雄一樣，在曲折又可悲的世間譜寫永垂不朽的生命意義。」

「作為一個形象代表，超人是反基督教、反宿命論、反舊世界的非理性主義者、創造主義者。超人的誕生是經歷『精神三變』而完成的，即駱駝、獅子和赤子，先是堅韌、負重的駱駝，能忍受寂寞、忍受酷熱；然後變成了勇敢追求自由的獅子，富於戰鬥力和創造力；最後又從獅子變成為了永恆更新的赤子，天真爛漫，善於記憶又健忘，充滿好奇和渴望，意味著世界萬物新的開端即將開始。這三個階段就是人類精神的發展階段。」

「那麼，您創造出『超人』的概念和形象，是要取代被您殺死的『上

超人誕生的「精神三變」

堅韌、負重

勇敢追求、爭取

天真、健康、創造
代表新的開始

「超人」能夠完全擺脫奴隸道德，意味著自我超越和救贖。超人不是替代上帝的新偶像，而是一種人生態度和處世精神。

帝』嗎？畢竟，您殺死了人類心目中的偶像，總要給他們找到一個新的精神信仰吧。」葛老突然發問。

「超人並不是替代上帝的新偶像，他不是一個具體的人，而是一種理想的人格、人生態度和處世精神。超人不會相信宿命，只把靈魂當作肉體的一部分而非主宰者；超人立足於現實，與不幸命運抗爭，把悲劇創作當作人生的歷程，他健康強勁，堅韌不拔，有創造精神和超越能力。所以，擁有超人精神的人是不需要上帝的，他的身上具有強大、旺盛的象徵生命本能的權力意志精神。」

「歸根究柢，我只想讓大家明白，信仰肉體比信仰精神更具有根本意

義，超人的權力意志是一種生命意志，是一種超越生命的力量。人生不應該被那些『蔑視生命』、『侮辱肉體』的基督教、宿命論所主宰，那些欲望、衝動、貪欲、激情並不是罪惡，而是生命的色彩，是創造性人生的最寶貴財富，如果人生否定了這些屬於肉體最誠實的情感意志和心理本能，那麼生命存在還有什麼意義呢？縱然，傳統道德宣稱那些肉體的本能讓人類承受了不該承受的痛苦和悲劇，可是，我們也看到了，並真實地感受到了，承受痛苦和死亡，才是讓我們更加清晰地看到自己的存在和生命的本質力量，至少很大一部分的幸福是我們自己創造的，那才是屬於人的價值存在。」

　　尼采老師還未跟大家說再見，就匆匆地離開了。今天的這堂課讓林夏產生了很多感觸，也解開了她這幾天的心結，原本因為接二連三的負面消息而心情欠佳的她此時也釋然了許多：悲劇人生也是人生的一部分，沒有悲劇的人生不是完整的，因為悲劇讓我們體會到更多快樂和幸福，痛苦讓我們更堅強。所以，珍惜自己的幸福，感謝生活的不幸吧。

尼采老師推薦的參考書

　　《查拉圖斯特拉如是說》尼采著。本書是尼采的里程碑式的作品，書中假借查拉圖斯特拉之名宣講未來世界的啟示，類似《聖者傳》一類的書，但並非宗教的聖者，而是反駁宗教的聖者。這本以散文詩體寫就的傑作，以振聾發聵的奇異灼見和橫空出世的警世智慧宣講「超人哲學」和「權力意志」，沒有一般宗教書那樣的枯燥乏味。

　　《悲劇的誕生》尼采著。本書是尼采第一部較為系統的美學和哲學著作，寫於1870年至1871年。這本書包含著比較豐富的內容，闡述了許多哲學思想。書中最獨特之處是對古希臘酒神現象的極端重視。關於酒神的傳說一直都是古希臘民間口耳相傳的故事，由於缺乏文字資料記載，也一直都為古典文學所不屑。但尼采卻把這種難登大雅之堂的現象當作理解高雅的希臘悲劇、希臘藝術、希臘精神的鑰匙，甚至從中提升出了一種哲學來。

　　《人性的，太人性的》尼采著。本書是尼采的早期作品，尼采本人也將其定義為自我精神探索的一個「危機的里程碑」。這本書用格言體寫成，既是對尼采早期哲學思想的一次總結和清算，同時又預示了尼采後期哲學所要探討的諸多重要命題，帶有明顯承先啟後的過渡和轉折意味。

洛克老師主講「經驗」

> 原理、觀念等並不是天生就有的……瞭解自身的能力，才能矯正懷疑和懶惰。

約翰・洛克（John Locke，1632—1704）

英國哲學家，啟蒙哲學和經驗主義的開創人，他認為經驗才是人類知識的來源。同時他也是第一個全面闡述憲政民主思想的人，認可革命的權力，並對美國的《獨立宣言》和法國的《人權宣言》產生了深刻的影響。其主要著作有《政府論》、《人類理智論》等。

林夏今早起床，腦海裡浮現出了昨夜夢裡的場景，而且畫面非常清晰，夢裡她看到了「上帝」，但是「上帝」一點兒也不可愛，更不親切，反而長得非常恐怖，就像《死神》裡的魔鬼一樣。在夢裡林夏拼命地想要逃開他，但是那個自稱為「上帝」的魔鬼卻不停地跟著她，就這樣，林夏一整夜都在不停地逃跑，所造成的嚴重後果便是，不僅渾身無力、頭腦混沌，連黑眼圈都出來了。到公司後，同事見了她，跟她打招呼的問候語都成了「昨晚沒睡好哇」，林夏總是回了句「跟上帝打了一晚上的架」，弄得同事也摸不著頭緒。

終於熬到了下班時間，林夏昏昏沉沉地走出公司，搖晃著往古宅前進。「唉，都是上帝惹的禍！」

❤ 我們頭腦中的概念從何而來

「大家好，很高興能跟大家見面，我是洛克，就是你們學習世界歷史的時候，在講到美國《獨立宣言》時會提到的一個政治家、哲學家。」說這話的人是一位走進教室的老者，他非常消瘦，反而襯得衣袍比較寬大，他就像是在跟自己的孩子閒聊一樣隨意，說完這些話就慢悠悠地坐在了長椅上，好像在回憶一段非常久遠的故事。

「我是一位經驗主義者，所以今天我打算講講經驗哲學。我知道，你們可能在之前已經聽過關於人類知識來源的話題，聽到過關於經驗的觀點。不過，沒關係，我主要是表達我的思想，就當是委屈一下聽我這個糟老頭子嘮叨吧。」

「在我之前有一些哲學家堅持『天賦論』或者說是『先天觀』，也就是與生俱來的真理，你們大概也聽過了。

李萍老師知識補充站

在洛克那個時代，西方哲學圍繞著認識論問題分化為兩大派別：一個是經驗論；一個是唯理論。經驗論認為人類的知識來源於經驗，代表人物有霍布斯、洛克、休謨等；唯理論認為人類的知識來源於先天的原理，代表人物有下一章要講的笛卡兒、斯賓諾莎、萊布尼茲等。

而今天我所講的內容是與它相悖的反對觀，可能你們會覺得很迷惑，不過，哲學就是這樣一門學科，不是說一就是一那麼絕對和簡單，它就像孩子一樣永遠年輕，永遠在成長，也永遠充滿了神祕和變動。所以，在哲學領域，學習不能是一味地接受，而要消化，至於如何消化，留什麼、存什麼，就看你們各自的『造化』了。明白了嗎？」洛克老師似乎

我們頭腦中的概念從何而來

白紙　之前　經驗

之後

單純感官概念　　　複合概念

尚未經歷任何事物之前，人類的心靈就像白紙一樣乾淨。沒有聽過音樂的聾人，是不可能理性地判斷音樂的旋律的。
單一感官是唯一能感知的事物！

真把大家當成自己的孩子那樣教誨了起來，而且字字句句都說得那麼誠懇和真摯。

「首先我談一個問題 —— 我們頭腦中的概念從何而來？我的觀點是：**我們所有的思想和觀念都反映我們曾看過或聽過的事物，而在這之前，我們的心靈就像一張白紙。換句話說就是，我們的認識和知識就是由經驗促成的，經驗之前的心靈就像是一張白紙。**」

「在我們的感官感知事物之前，我們的心靈就像一間沒有傢俱的房間，可是隨著我們開始體驗越來越多的事物，我們看到了周遭的世界變化，我們看到、嘗到、聽到、感觸到各種東西，將之前的空房間裝滿傢俱，而這其中感觸最敏銳的當屬嬰兒了。」

> **洛克老師的話**
>
> 觀念的獲得是後天的，認識觀念的心靈在接受外界刺激之前就像一張白紙，白紙上不可能憑空出現觀念。

「對於我們從經驗所得的觀念，我將其分為兩種感官概念：一種叫『單純感官概念』；一種叫『複合概念』，也就是所謂的『思維』。單純感官概念是我們被動地接受外界的印象，是透過感官單純感知到的東西，比如味覺感受到糖的甜，嗅覺感受到百合的香氣，觸覺感受到火的熱度，視覺看到糖、百合、火的顏色等。除了感官獲得的單純概念之外，我們同時也會積極地進行某種活動，以思考、推理、懷疑等方式來處理單純感官概念，將對物體的認識發展到理智的方式，於是就產生了我們所謂的『思維』了。舉個例子來說吧。」

「我們對蘋果概念的認識就是基於我們先是看到蘋果的顏色，是紅色，然後我們嘗到蘋果的味道，是甜的、脆的，有很多水分，這些單一的感官概念最後整合起來形成複合概念，即我們所認識的蘋果了。而這種複合概念並不是我們從嬰兒時就已經具備了的，嬰兒並沒有這種複合概念，只是經過多次的感官感受，將那些單一感官概念一點一滴地積累起來才形成『蘋果』的概念，而不是梨或葡萄。所以說，單一感官是我

唯一能感知的事物，那些無法回溯到一種單一感官的知識便是虛假的知識，我們不應該接受。」

♥ 感官的經驗能否信賴

「照您這麼說，這個世界豈不就是如我們所感知的那樣嗎？好像並非如此吧。」小米對老師的話有些疑問，但又不敢直接反駁。

「這就是我要講的第二個問題了：這個世界上的所有感官觀念我們都能夠信任嗎？」

「概念本身所具備的知覺能力又被叫做『物質的性質』，一個事物能夠讓我們產生顏色、重量、溫度等觀念，而那些東西就是物質的性質。比如鐵的重量和堅硬度，冰的冷和鋒利等。另外，感官的性質又要被分為兩種，即主要性質和次要性質，也有人稱之為物質的第一性質和第二性質。」

「所謂『主要性質』指的是擴延世界的特質，是無法將其從物體中脫離出來的性質，在談論到這些特質時，我們就已經可以透過感官將它們加以客觀地再現。例如，重量、數量、含量、成分構成和用途等。但事物的『次要性質』是根據第一性質的

李萍老師知識補充站

世界上的物質真的有主要性質和次要性質之分嗎？你是怎麼看的？

形狀、組織等帶來酸或甜、綠或紅、熱或冷等性質，這些性質並不能真正反映事物本身的固有性質，而只是反映外在實體在我們的感官上所產生的作用。比如，火的第一性質就是能讓蠟燭產生新的顏色和狀態。」

「這麼說，次要性質在我們感官上就是『仁者見仁』了？」小米搶先說道。

「沒錯。在重量、數量等性質上，我們每個人不會有不一致的看

知識從何而來

物質的主要性質
（第一性質）

**心靈自身的
反省、推理**

重量、數量、成分、含量、行動等性質

由經驗而來的知識

物質的次要性質
（第二性質）

感官經驗

酸或甜、綠或紅、熱或冷等性質

人類對於外界對象的觀察和
對於心靈內部活動的自省就
是知識的源泉。總之，知識
來源於經驗。

法，因爲這些性質是事物本身的屬性，當然犯錯的時候不算。但類似顏色、味道等之類的次要性質就可能因人而異、由境而生了。」

「哦，我明白了，其實就像我喜歡吃苦瓜一樣，很多人都說苦瓜很苦不好吃，但是我就覺得那不是苦味，而是澀味，帶點兒清脆，吃起來清涼，很好吃。同樣是苦瓜，有人覺得苦，有人覺得香甜，這就是次要性質吧。」小米接著說道。

「對，你們都沒有錯，你們只是描述了苦瓜對你們的感官所產生的作用而已。不管我們的答案多麼不同，但是大家都會朝著最接近的答案靠近。比如，一個5斤重的西瓜，沒有人會說它有20斤或者只有1斤，最多也就是在4、5、6、7斤之間進行猜測和估計，絕對不會出現一黑一白的天壤之別。行動方面的概念也是如此，車在移動，你絕對不會說車是停止的；船在漂浮，你絕對不會說船是在下沉的。所以，當牽涉『擴延』的實體時，確實存在有些性質是讓你們可以用理智來瞭解的，而且，在這方面也很容易得到人們的共識。」

「總之，感官的經驗能否信賴這個問題是沒有絕對答案的，因爲物質的主要性質和次要性質存在差異。」

♥ 爲什麼我們容易產生怠惰情緒

「《人類理智論》是我的一部重要著作，因爲，這本書幫助我渡過了很多無所事事卻又心情鬱悶的時刻，在創作它的過程中我享受到了無比的快樂。因爲，理智是精神範疇中最崇高的一種表現，能夠在運用理智的同時獲得巨大且長久的快樂，這是其他所有能力所無法達到的快樂。這也許就是那些哲學家、科學家所嚮往的快樂吧。當然，如果不懂理智，不知道這層精神愉悅的人，是無法體會到這種心情的，更不會追求這種快樂。」

　　「下面我不想說『經驗』了，我想臨時改變計畫，跟大家講一講《人類理智論》這本書裡所說的關於懷疑主義和懶惰的問題。理智雖然是比較崇高的一種思維形式，但是，當我們因為自身無法完全瞭解世界事物而產生絕望情緒時，就可能會變得完全不再思考了。或者也有這樣的情況：只要有一點不能理解就會否定一切，懷疑所有事物，像這種懷

能力的差異

　　洛克透過「石頭與大象等重」原理，來闡釋人如何讓自己的能力得以拓展，能力不是能與不能那麼簡單，而是能否想得到。

熟練地掌握、整合相關知識的技能，也能很順利地完成工作、達到目的。能力並不一定要具體到你知道什麼、能做什麼，而是你能否想得到。

疑主義者往往就容易產生毫無止境
的怠惰情緒。因此，只有瞭解自身
的能力，才能矯正懷疑和怠惰。這
種『瞭解』並不是計算自己知道或
不知道什麼，而是要知道如何讓自
己的能力拓展開來。很多時候，能
力並不是能或不能那麼簡單，而是
能否想得到。」

李萍老師知識補充站

　人在智商方面往往差距不
大，最主要差距在於頭腦的靈
活程度，能否做到「想他人所
未想」。

　　「那麼如何來瞭解我們自身的能力呢？舉個例子吧。」

　　「假如，要求你用湖裡的水裝滿所有的水缸，你會怎麼做呢？也許
有的人想到的就是一桶一桶地提水，直到裝滿所有的水缸。但是，換一
個聰明點兒的人，可能他想到的就是採取人工製作的竹筒管道輸送，直
接讓湖裡的水順著竹子管道流入每一
口水缸中，省時又省力。」

洛克老師的話

　學到很多東西的訣竅，就是
一下子不要學很多的東西。

　　「像後者這種方法，只要能夠
掌握與行為相關聯的一些知識，加以
變通和應用，就能很容易地解決問題
了。這樣的話，當我們遇到我們無法
完全瞭解的工作時，只要能夠熟練地整合相關知識，我們還是能夠順利
完成工作的，你們明白嗎？」

　　「哦，我知道了，也就是說雖然我不知道大象的重量，但是我只要
知道和象等重量的石頭的重量，那麼我就能夠知道象的重量了，縱然無
法秤得大象的體重！」小米靈機一動，想起了「曹沖秤象」的故事。

　　「呵呵，是呀，即使我們不知道水的深度，不知道水下會存在什
麼，但是我們只要把握住了航線的深度，船還是能夠安全行駛的。這應
該就是知其然而不知其所以然的實用主義。當然，如果碰上喜歡刨根問
底的人，這樣就遠遠不夠了。」

　　「但就我個人而言，我贊同縮小研究物件的思維方式，不必強求自

己事事都必然言之鑿鑿，掌握了與自身階段相契合的思想也是能夠站穩腳的。有時候，在有限的條件下產生更偉大的思想，相較於在最好的條件下創造偉大的成果更有意義。你們說是不是？」

「好了，我已經有些累了，人老了，精神不如你們年輕人哪。今天就到這裡吧，下次見面再聊。」洛克老師邊朝門口走去，邊揮了揮手向大家告別，這位看似柔弱而又消瘦的老人不知為何，背影越發高大起來了。

 洛克老師推薦的參考書

《**人類理智論**》洛克著。1671年開始寫作，1687年完成。在這本書中，洛克批評了宣稱人生下來便帶有內在思想的哲學理論，他主張人所經歷的感覺和經驗才是形塑思想的主要來源。

《**論寬容**》洛克著。本書是洛克最初以不具名的方式在阿姆斯特丹寫的一本書，不過這本書很快便被翻譯為英文出版，為人們知曉。這本書對教會和世俗政府進行了詳細的區別論述，指出政府是為了維持和平才存在的，並且必須擁有武力才能達成這個目標；而教會則是自願構成的群體，為了提供靈魂救贖才存在的，而且使用的傳教手段是說服。

笛卡兒老師主講「懷疑」

你唯一能確定的只有一件事，那就是「你在懷疑」，其他的一切你都要懷疑。

勒內・笛卡兒（René Descartes，1596—1650）

　　著名的法國哲學家、科學家和數學家，他對現代數學的發展作出了重要的貢獻，因將幾何座標體系公式化而被認為是「解析幾何之父」。他是西方現代哲學思想的奠基人之一，是近代唯理論的開拓者。他提出了「普遍懷疑」的主張，以「我思故我在」一句名言為世人所熟知。他的哲學思想深深影響了之後的幾代歐洲人，其主要著作有《談談方法》、《沉思錄》、《論靈魂的激情》等。

「大家下午好，我是笛卡兒，法國哲學家。很抱歉，今天才抽時間來給大家上課，如果按照年分來算的話，我應該是早早就來給大家上課了。不過，邀請人說這沒有關係，大家都明白每一位哲學家所研究的哲學方向不同或者研究理論不同，關注的重點也不同，所以，我今天講的關於『懷疑』的主題應該不會令大家感到困擾。那麼，我們就開始吧。」

大家都很吃驚，沒想到連笛卡兒都被請來了，而且，這位哲學家相當有個性：蓬鬆、凌亂的頭髮，不修邊幅的鬍渣，走在大街上都沒有人敢相信，這個人會是一位享譽世界的偉大哲學家。

♥ 為了打好地基，就要先懷疑

「今天我是來給大家上哲學課的，但是大家應該也知道，我還是一位數學家，被人們稱為『解析幾何之父』，所以，在哲學上，我常常也會把數學原理和哲學研究聯繫起來，用一般人證明數學定理的方式來證明哲學的真理。換句話說，我想要運用我們在思考數學問題時所用的同一種工具——理性來解決哲學問題，因為，只有理性才能得出最接近真理的答案、最真實的知識，而感官往往並不可靠。」

「都說『眼見為實，耳聽為虛』，對於親耳聽見的東西，人們有時也會懷疑，那麼，親眼見到的東西就一定是真的嗎？不是。比如沙漠裡的海市蜃樓，這是我們親眼看到的東西，但它並不是真實的，而只是幻影；再比如插入水中的筷子，視覺上給人一種折斷的錯覺等。太多的事實讓我對感官不再信任，所以，我開始對每一件事情都加以懷疑，並且，我逐漸認識到，懷疑是一個非常有趣的東西，它能讓我的理論變得更『結實』，因為，只有把不確定因素全部排除，才能搭建出最堅固的房屋。」

「哦，我明白了，就好比是，如果房屋的地基沒有打牢，那麼這個房子就會很容易倒塌一樣。」余意同學有些激動地說道。

學問的根基

如果房屋的地基裡有太多不確定因素存在，那麼這個房屋就很容易倒塌。做學問的道理也是如此。

「說得很對。不過，雖然我懷疑一切，但是，有一件事情我認為是絕對真實的，那就是『我懷疑』。當我在懷疑時，我必然處在思考的狀態，而由於我在思考，那麼我必定是一個思考的存在者，也就是『我思故我在』。」

「不過，我的懷疑並不是像某些人那樣純粹只是為了懷疑而懷疑，為了擊敗對方、反對對方，以獲得話語

李萍老師知識補充站

笛卡兒認為一切都是可以懷疑的，比如說我們可能都生活在夢中，我們看到的可能都不是真的。但是「我在懷疑」卻是真實的，即使我懷疑「我在懷疑」的真實性，我還是在懷疑！讀者朋友們是不是覺得很難理解呢？

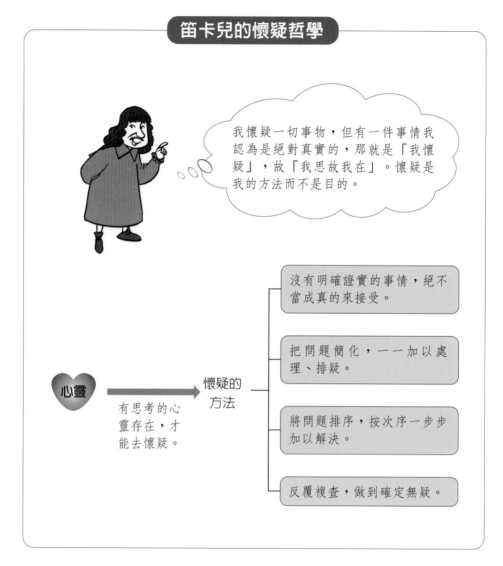

主動權的懷疑。我的懷疑是我尋求真理的方法，是為了得到更標準的答案而懷疑，所以，我的懷疑是講究方法和策略的，是謹小慎微地，有理性、有步驟地懷疑，下面就來說說我的懷疑方法吧。」

「首先，我認為，沒有明確認識到的東西，我絕不能把它當成真的來接受。也就是說，我一定避免先入為主和輕率的判斷，除了我已經確

定了的、清晰分明地呈現在我心裡毋庸置疑的東西之外，我不能在我的判斷裡放入任何一點兒別的東西。」

「其次，我一向採取分解的方法來解決問題，複雜的問題可以透過轉換為簡單的概念來解決，所以，我會將所審查的每一個難題按照可能和必要的程度分成若干多份，然後再一一加以處理。」

「再次，次序是一個很系統的思維方法，有時候對雜亂無章的問題進行思維重組，得到的答案可能就會不同。所以，我的思考經常是按次序進行的，從最基本、最簡單的開始，一步步逐漸上升到複雜的對象，即使是本來沒有先後關係的東西，我也可以自行設定一個次序加以整合。」

笛卡兒老師的話

不相信的同時，就要準備去認識它。認識的同時，不管多麼難，也要從最簡單、最容易認識的東西開始。

「你們可能會嫌我囉嗦，但是我必須強調，我就是這樣一個謹慎的人，在任何情況下，我都會要求自己盡量全面地考察，普遍地複查，直到做到確定無疑。」

「總之，我認為，任何事情，只要自己沒有真正認識之前，就絕不能輕易地相信，不要理會是權威還是傳統。」

♥ 存在完美的實體嗎

「對於『完美』，我想每個人心中應該都有一個理想形象，或者說是一個概念存在。但是，不管我們多麼希冀完美的狀態，我們的心裡都明確地知道，我們自己絕不是那個完美的人，包括我自己。」笛卡兒理了理自己皺起的衣袍說道。

「那麼，人們關於完美的概念從何而來呢？不可能是與生俱來的吧。」小米很不服氣地說著。

「依我看，必定存在一個完美的**實體**，才能有完美的**實體概念**，而這個實體概念必定是來自上帝的。我知道，你們一定都不相信上帝的存在，但是，在當時，我只能以此來解釋完美概念的由來，大家不妨聽聽下文。」

「如果一個完美的實體不存在，那麼這個世界就不存在完美，而如果世上不存在所謂的完美的實體，那麼，我們也不會具有完美實體的概念，因為我們本身並不完美，所以完美的概念不可能來自於我們。不過，為什麼必須是上帝呢？呵呵，其實並不一定是上帝。只是因為有『完美』這個概念存在。所以，上帝才存在。可能你們很難理解西方人眼中的上帝，但是，在西方國家，上帝真的是一個非常非常完美的形象，因此，用上帝的存在來證明完美實體概念的存在再好不過了。」

「當然，在你們國家，可能佛陀、觀音等形象會比上帝更接近完美實體概念。我這樣說你們能否明白，其實很簡單，即使沒有上帝，也會有無數個類似『上帝』的形象存在，代表完美的實體概念。」

「雖然很有道理，但是我還是不明白，我有『海市蜃樓』這個概念，但是海市蜃樓這個真實的城堡並不存在呀！那麼我也可以說我有『上帝』這個概念，但是上帝可以不存在。」小米繼續發問。

「這就要考慮到人的理性了。『海市蜃樓』這個概念中並不包含它必然存在的事實，我們的理性就已經告訴了我們它是虛幻的。但是，『完美實體』這個概念不同，它並不等同於上帝，不要拿上帝來打比方，我只是說相對於當時我所處的那個時代，用『上帝』來代表『完美實體』最恰當不過了。而且，當時人們對上帝的存在深信不疑，這是你們很難理解的。不過，完美**實體**這個概念本身就包含了必然存在這個事實，即使不是上帝，我們也會認為那個實體是存在的，否則你就不會如此堅信這個概念了。而

李萍老師知識補充站

我認為，完美並不是完美的實體（完美的實體並不存在）賦予我們的，而是我們在生活實踐中抽象出來的。

笛卡兒的完美概念

笛卡兒認為，必定存在一個完美的實體，才能有完美的實體概念，而這個實體概念必定是來自上帝的。

| 理性 | ＝ | 存在 |
| 完美 | ＝ | 上帝 |

西方人認為上帝是存在的。

對，我認為是這樣的。

那個實體在哪裡呢？問問你自己的心，你一定相信有那樣一個完美的實體存在，完美的標準也在你的心裡，而每個人的完美標準又是不同的。所以，可以說，我的思想用在現在、這裡，已經是落後的了。」

「哦，我明白了。其實我們相信並追求完美，就是因為有一個完美實體存在，這是我們的理性思維非常明瞭的。過去你們是以『上帝』代表完美實體，而如今，我們生活在這個科學至上的國度，我們幾乎可以認為，完美的實體是不存在的，因為沒有上帝，而完美又不在你我中。」小米低聲說道。

「有道理。我和柏拉圖一樣，一直都相信理性和存在之間有一定的

關係，在我們理性思維裡得到肯定的事情一定會是肯定的，必然會有存在的理由。倘若哪一天你能給出一個肯定的必然存在的完美實體，那將是多麼令人震驚的啊！」笛卡兒老師答道。

♥ 人與動物的區別在哪裡

「老師，既然您懷疑一切，那麼您一定也思考過一切問題，即使是自己不擅長的領域也會想方設法從自己的知識中尋找解決的方法，這一

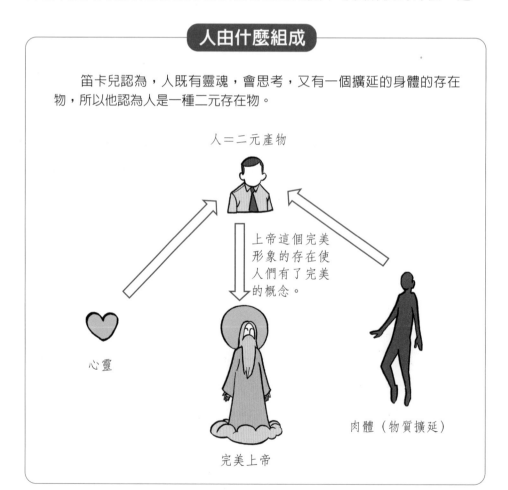

人由什麼組成

笛卡兒認為，人既有靈魂，會思考，又有一個擴延的身體的存在物，所以他認為人是一種二元存在物。

人＝二元產物

上帝這個完美形象的存在使人們有了完美的概念。

心靈

完美上帝

肉體（物質擴延）

點令我非常敬佩。所以，我想問問，您覺得人類到底是種什麼樣的動物呢？」葛老每次發問都非常謹慎小心。

「呵呵，正好問到我的心坎裡了。在我的理解裡，人就是一種二元產物，什麼是二元產物呢？下面我就來細細說。」

「之前我說過，我是支持『上帝存在』的觀點的，所以上帝是宇宙的造物主，而在這個宇宙中，有兩種不同形式的實體存在，一種是被稱為思想或者靈魂的東西，另一種是被稱為『擴延』也就是物質的東西，這兩種實體都來自上帝，因為唯有上帝本身才是完美的獨立實體。」

「這兩種不同形式實體的概念，對理解動物和人類的不同很有幫助。我認為，靈魂是只有人才有的，而動物沒有靈魂則完全屬於廣延的真實世界，動物自身的存在就是一種複雜的機械裝置。而人也不全是由靈魂構成的，人還具有真實的存在性，人占有空間，也就是說人是一種既有靈魂、會思考，又有一個擴延的身體的存在物，所以人是一種二元存在物。」

「在我之前，也有很多研究者說過，人是一種擁有像動物一般的身體，和天使一般靈魂的存在物。我們的靈魂要比身體自由得多，並且靈魂不受身體的影響，可以獨立運作，而身體則必須遵守一些法則，比如只能在人行道上行走，不能睡在別人家的床上等，恰恰我們的思想正是在靈魂中運作的，所以並不受到廣延世界的影響。」

笛卡兒老師的話

當感情勸我們去做某個判斷的時候，應當克制自己不要立刻作出任何判斷，用另一些思想使自己定一定神，直到時間和休息使血液中的情緒完全安定下來。

「靈魂的獨立性還體現在，它可以完全獨立於身體來運作，理性可以完全超脫身體而獲得更持久更永恆的真理。比如，我們的身體會衰老、頭髮會掉光、牙齒會脫落，但是這並不影響我們的思維裡1加1永遠等於2的理性認識，在這一點上，理性是不會變化和動搖的。」

「不過，肉體和靈魂又是緊密相連的，因為有時候我們的身體和靈

魂會相互影響。比如，當我們的思維犯錯的時候，我們會憤怒，同時也會伴隨著動作；或者我們因為受到不公的待遇而感到極度憤怒，可能我們的思維判斷也會受到情緒的影響而有失客觀，所以，靈魂和廣延的世界有著極其密切的關係。」

「我聽說有過一種『靈魂永恆』的觀點，對此我也進行過思考。但是，正因為靈魂和廣延世界的複雜關係，有時候我對世界是否存在『靈魂永恆』一直無法得出絕對的觀點，因為如果說靈魂永恆，似乎又是一個很難證明的命題，如果說靈魂不永恆，那麼那些歷史沉澱下來的思維成果又如何能永世流傳呢？唉，這的確很令人糾結呀，還是得繼續思考……」就這樣，笛卡兒老師居然就這樣一邊思索一邊朝門外走去，好像完全忘記了自己正身處課堂，也忘記了臺下數十雙眼睛正盯著他的一舉一動，直到他的身影消失在大家的視線中，大家才反應過來。笛卡兒老師就這樣結束了他的課，但似乎這堂課還沒有結束……

「笛卡兒老師一定是突然想起了什麼問題，在那一刻，大概他的肉體已經完全被靈魂控制了，思考已經讓他忘記了自己。」在回家的路上，林夏還在思考著這突然結束的一堂課。

 笛卡兒老師推薦的參考書

　　《談談方法》笛卡兒著。本書重點談到思維方法，對西方人的思維方式、思想觀念和科學研究方法都有很大的影響，書中有關於他的「思維藝術」的四條準則（懷疑方法）：第一，除非是已經清楚確定了的事情，否則不把任何事情當作真的；第二，系統地逐步分析問題；第三，由簡到繁的思維方法；第四，反覆徹底複查，直到確定無疑。

　　《第一哲學沉思錄》笛卡兒著。本書是笛卡兒非常重要的一本哲學著作，書中提出了他的「我思故我在」哲學原理。

羅爾斯老師主講「正義」

當你忘記自己是誰的時候，才能清楚地知道什麼是正義。

約翰・羅爾斯（John Rawls，1921—2002）

　　美國政治哲學家、倫理學家，普林斯頓大學哲學博士，哈佛大學教授。為了能夠幫助建立起一個公正的社會，羅爾斯著重研究「正義」的概念並潛心構築理性性質的正義理論，即公平的正義理論。他寫過《正義論》、《政治自由主義》、《作為公平的正義》、《萬民法》等名著，是20世紀最偉大的哲學家之一。

最近，一部新的電影在網路走紅，叫《硬漢》（*The Underdog Knight*），這部電影已經拍了兩部了，由著名演員劉燁擔任主演，是一部比較詼諧的愛情喜劇，不過，說愛情劇似乎少了點兒什麼，這部電影令人感觸最深的還是「老三」的正義之舉。

「喂，你們看《硬漢》那部電影了嗎？裡面的老三真的太搞笑了！」家明同學轉向後排，跟余意等人聊了起來。

「是挺逗的，不過，這樣的人現實生活中太少了，幾乎就沒有。不過，也挺現實的，現實社會裡那些精明的人一直做的事都是如何為自己謀利，反而那些傻乎乎的人是在努力維持正義。」萬老忍不住發起了感嘆。

聽到前面幾人議論的話題，林夏也若有所思，據說今天的主講老師會以「正義」為主題，自己應該能夠從中得到些什麼。

❤ 正確用什麼來衡量

「大家好，我是羅爾斯，美國人，曾在哈佛大學擔任教授一職。今天我在來的路上發現很多交警在路邊巡邏，學校附近居多，當時我很疑惑，後來瞭解了才知道，原來是因為高考期間，政府為了保證考生按時到場專門安排交警巡邏隊全力維持秩序，幫助考生順利赴考。」

「不過，我瞭解到有些考場有規定，考生不准帶紙巾進入考場，當面臨『如何擦汗、擦鼻涕』的疑問時，監考老師的答案是『擦在衣服上』。監考老師的此種做法自然是為了**保證考場絕對的公平、公正**，防止考生作弊，不過，這也令很多家長感到不解和怨氣：『我的孩子又不是為了作弊，怎麼能連紙巾都不能帶進考場呢？』所以，到底哪一方是正確的呢？公平該如何實現呢？我們今天的『正義』主題就來解開這些疑問。」

「我想，大家應該都想追求正義，

李萍老師知識補充站

有沒有絕對的公平正義呢？高考各個省分的試題內容與錄取標準不是也不一樣嗎？

但是，要真讓你們說說什麼是正義，你們大概會感到無所適從吧。就好像，開車上班的人希望能修建更寬的馬路，讓路上不再那麼壅塞，希望不要有限行的規定限制自己外出；而擠公車上班的人則希望國家能夠限制買車，減少私家車的數量，既環保又減少堵車和交通事故。所以，到底誰才是正確的呢？」

亞里斯多德是在他的《尼各馬可倫理學》這部著作中闡述了三種正義標準，這對後來的倫理學、政治哲學的發展產生了很大的影響。

「亞里斯多德曾為正義下過這樣一個定義：『每個人得到其應得的部分。』那麼，什麼又是每個人應得的部分呢？這個問題，亞里斯多德給出

亞里斯多德眼中的正義

正義：每個人得到其應得的那部分。

亞里斯多德

矯正正義 ➡ 用懲罰等手段矯正不正義的現象。

分配正義 ➡ 根據一定的標準將利益平分。

程序正義 ➡
① 已知結果下實施正義程序，例如知道每人分得多少，由最後分得的人來操作，盡量做到公平。
② 未知結果下實施正義程序，例如用擲骰子決定誰洗碗。

了三種標準。」

「一、矯正正義。這種正義觀就是將不正義的情況採取懲罰等手段加以矯正。」

「二、分配正義。這種正義觀主要是關於公平、平等的問題，根據一定的標準把利益公平地分給團體成員。」

程序正義的純粹性與非純粹性

希望分給我的那塊多。

希望我多得到點兒。

最後剩下的一塊是我的，我一定要保證我的那份不能少。

A、B、C三人正在分蛋糕，由C來分

已知程序結果

↓

非純粹的程序正義

未知程序結果

↓

純粹的程序正義

「三、程序正義。這種正義觀就是一種走公正路線的解決方法，分為純粹和非純粹兩種類型，非純粹類型的程序正義是在已知程序的結果情況下實施這個程序，比如我們已經知道三個人每個人應得的蛋糕是多少，那麼當然是讓分得最少並最後分得的人來切，這樣他才會盡可能地讓大家都不多不少，以保證自己不少。」

「而純粹類型的程序正義是在結果未知的情況下，採取一種符合公平的程序來處理，比如不知道究竟由誰來洗碗，那麼就用擲骰子的方法來決定正義，大家都覺得這是公平的。」

「為什麼要用公平來判定正義呢？這是因為自古大多數的正義之舉多以實現公平為目的，而不公平的待遇必然就會令一方受到殘害和損傷，那麼消除這種不公平待遇的方法就是實施正義。」

「聽起來是那麼回事，不過，很多時候有些人打著公平、正義的旗幟，卻做著非正義的事情，戰爭就是最好的例子，不是嗎？」家明同學誠懇地問道。

「這個問題的確值得思考，很多戰爭都是在正義的名義之下發動的，贊同戰爭的人認為武力反擊是正義的，而持反戰觀的人則認為戰爭是非正義的……因此，到底什麼是正義的很難判定，換句話說，沒有絕對正義的東西，不過，我們還是可以明確如何判定正確性的標準。」

「說到正確性的標準，首先就要從正確定義的來源著手。每一件事情正確與否的標準並不是天生就有的，這需要人來定義，也就是主體問題了。第一個想到的自然就是權威了，在獨裁統治下，獨裁者就是權威；在法治國家，法律就是權威；在公司上班，企業的規則就是權威；在宗教的範圍內，教義和神靈就是權威……在權威的領域，判斷標準非常明確，違反了權威就是不正確的，不管你是贊同還是反對，不管是合理或是不合理，而且，一旦進入了某個權威領域，也絕不會再去討論這個判斷正確的標準是否存在的問題了。」

「比如說，你到一家時尚公司上班，公司規定你必須穿10公分高的高跟鞋上班，你會感覺非常不合理，但是你必須遵守，即使你不穿也不

違法，但是公司可以決定不錄用你；如果你到另一家園藝景觀設計公司上班，每天都要跟鮮花、草坪打交道，公司會規定你不准穿高跟鞋，那麼如果你是偏愛高跟鞋的話，你也可以反對，但公司可能會解聘你。」

「可能你們覺得我說得有些離譜，這些情況很少在我們的生活中發生，因為我們很早就明白各個行業的規定，我們明白只有遵守規定才能生存，可是你們思考過為什麼我們現在不會有『格格不入』的情形發生嗎？因為我們每個人都是從『不知』到『知』，我們在成長的過程中不斷地犯錯、改錯，然後知道什麼是正確的、合適的，以後便做出正確的決定。」

「沒錯，的確如此。我們正是在錯誤中不斷積累正確的知識，於是很多觀念自然而然地就被認為是正確的了。」小米說道。

♥ 我們如何達成共識

「曾經，我也相信會有一個公平正義且秩序良好的社會，這個社會是一個穩定的、道德同質的社會，這在我的《正義論》中有過描述。但是越來越多的事實讓我清楚地認識到，現今的社會遠比我們想像的要複雜得多，現實是一個價值多元的社會，合乎倫理的宗教學說、哲學學說和道德學說等這些相互衝突、相互依賴的觀念和制度共存於民主制度之中，那麼這些觀念是如何得到共生，達成共識的呢？下面我就用一個『重疊共識』的概念來加以說明。」

「『重疊共識』是在我的《政治自由主義》一書中提出來的，說的就是即便我們無法完全達成徹底的一致，但是我們仍能夠在某種程度上達成共識，這是政治社會之中保證公平正義的一種必要方法。」

李萍老師知識補充站

這就類似於我們所講的相互尊重、求同存異。

「在我的心目中，社會就是一個『合理多元主義的事實』，你們一定

聽過『多元主義』，但卻沒聽過『合理多元主義』吧？我之所以用『合理』來修飾，是因為合理是一種在主體間關係中體現出來的態度和素質——願意參與公平的合作，願意在合作中將他人作為平等者且遵守公共規則，或對總體生活計畫中的不同目標做明智排序。至於『多元主義』，對你們而言，應該很容易理解，這個世界，不同國家、不同種族、不同宗教幾乎都存在各執一詞的學說，而大家能夠和平共處的前提必然是在認可這些學說的基礎上達成的。可能，在民主社會之中，人們

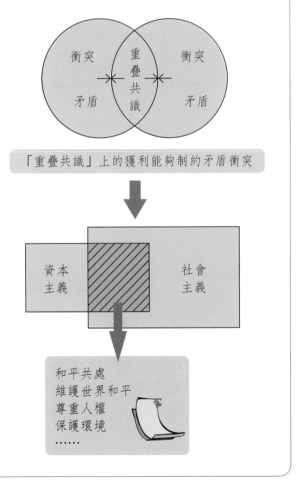

重疊共識

「重疊共識」由羅爾斯在《政治自由主義》一書中提出，說的是即便我們無法完全達成徹底的一致，但我們仍能夠在某種程度上達成共識，這是政治社會之中保證公平正義的一種必要方法。

衝突矛盾　重疊共識　衝突矛盾

「重疊共識」上的獲利能夠制約矛盾衝突

資本主義　社會主義

和平共處
維護世界和平
尊重人權
保護環境
……

會存在這種因為價值觀之間的差異而發生的暴力衝突，但是，這些言論上的爭辯是無可避免的，換句話說，在矛盾的衝突中制約著共存，正是合理的多元主義社會的發展特點。」

「其實，即使是生活在同一個國家，矛盾和衝突也必然是存在的，例如宗教的差異、民族民俗的差異、地域分布的差異等，這都可以是一個國家裡必然存在的衝突。但是，這樣充滿衝突的觀念還是能夠共同生存下來，共同發展，這就要借助『重疊共識』的方法了。雖然存在差異，但是能夠努力找到共識就能夠看到大家共同生存的希望和可能，縱然我們不可能事事都達成一致，但是我們卻能共同協商，看向共同利益。當然，我們觀念上的衝突無法讓我們在『善』上達成共識，但是我們可以試著把我們的共識建立在『正確』之上，就像我之前說到的制度上、權威上的正確之法。」

「在制度上和權威上尋找正確之法，這我不是很明白。」小米疑惑地問道。

「哦，那我舉個例子來說吧，比如一個東方國家和一個西方國家，它們必然會有很多政治和制度觀念都相悖，有不同的『善』，但是它們卻可以制定權威的法律制度，雙方和平共處，共同維護世界和平或互相尊重對方人權等類似的共識條款，而這就是建立正確的共識基準，這要比改變對方的信仰等『善』的觀念簡單得多。」羅爾斯老師耐心地講解著。

♥ 倫理和法律誰更重要

「這樣說，我要有疑問了，如果碰到了『正確』和『善』之間發生了衝突，那麼我們是要聽從『正確』還是聽從『善』呢？好比知道雙方代表

李萍老師知識補充站

有位哲人曾經說過，法律是倫理的下限。違法犯罪肯定是不道德，遵守法律也談不上達到了道德高度。

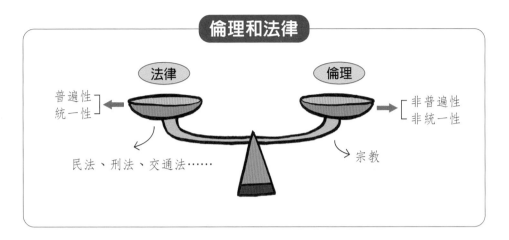

不同的國家，應該以和爲貴，任何一方都不可以隨意傷害另一方，這是
法律上明確規定了的，但是倘若對方不知道我方的民俗而冒犯了我們的
民族信念，那我們應該怎麼辦呢？」余意同學這時突然發問，似乎他在
國外也遭遇過類似的事情。

「這個問題問得很好，也是一個非常尖銳的問題。每個民族信仰上
的堅持就和倫理一樣，**而倫理和法律之間的關係的確很複雜，雙方有共
識也有衝突。**」

「法律往往是爲了解決社會普遍問題而逐漸推行的相應法律法規，
這些法律、法規起初可能只是爲了解決地方問題而達到的統一共識，但
是後來爲了讓解決方法更簡便，就在全國實行統一的法規，並採取強制
性的措施要求全民都必須遵守。」

「但是，倫理就不同了，這就像是人們從出生到成人自然而然形成
的人生觀、價值觀，並沒有誰強迫去執行，但是人們就這樣自然地認可
了；另一方面，倫理也不要求全民普遍去遵守，不具有全國統一性，或
者說也無法達到全民的統一性。不過，雖然如此，倫理的重要性還是不
能忽視的，很多事情還是要由倫理來判斷，而且，有時候倫理的力量比
法律的力量還要強大，從歷史上的宗教力量就可以看出來。」

「所以，如果可以，應該盡量把倫理推行到全世界的義務教育之
中，儘管大家心目中的倫理是不同的，但是可以讓大家互相瞭解，這樣

就可以盡量避免你剛剛所說的那種情況發生了。如果，真的要在法律和倫理之間選擇一種判斷標準的話，很難辦到，因此，我們需要做的是在他人的行為和言語的小細節中形成自己的標準，然後考慮具體行為應該如何對待。」羅爾斯老師耐心地答道。

❤ 怎樣才能存在絕對的公平正義

「我剛來的時候，聽到有人在討論《硬漢》這部電影，我也對這部電影有所瞭解，不過這部電影讓我想起了我的正義理論，電影裡的男主角『老三』所實行的正是我所宣導的『正義』，不過，這樣的人物和故事在我們的生活中還是極少存在的。因為，當我們身處不同的利益環境之下進行判斷的時候，我們很難做到對弱者分配的絕對公平。假如，一個未成年少年飆車碾死了一個三歲寶寶，你可能會強烈地要求法律制裁這個少年，但如果這個少年是你的孩子，你又會怎麼想呢？你還會認為嚴懲是正確的嗎？」

「想要解釋這個問題，就必須說說『無知之幕』這個觀點了。」

「『無知之幕』就是我所想像的一種原初狀態，也就是一個人對自己的社會處境暫時失明的情形。一個站在『無知之幕』後面的人，雖然具有理性和知識，卻忘卻了自己的地位、條件和喜好，締約者就在這種狀態下建立社會契約，即使走出無知之幕也不再做更改。這樣的話，所締結的社會契約必然會是構成公平正義的準則。在自由平等的人們之間，為了對政治的正義原則達成公平一致的協議，必須把各種條件規定得足以消除那些在交易中占便宜的現象，而這些現象在任何社會制度背景中都是不可避免的。打個比方吧，當被無知之幕籠罩時，你可能會贊同iPhone應該一直保持4,999元人民幣（編註：約新臺幣22,000元）的價格，但當無知之幕拿開時，你發現自己其實是一個月光族，你估計要懊悔，應該支持一部iPhone只售500元人民幣（編註：約新臺幣2,200元）了。」

羅爾斯老師的「無知之幕」

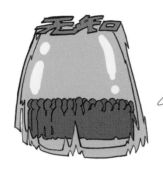

「無知之幕」下的人們具有理性和知識，卻忘記了自己的地位、條件和喜好。這樣的話，締結的社會契約全是公平正義的。

「無知之幕」是一種原初狀態，是一個人對自己的社會處境暫時失明的情形。

正義原則

每個人都擁有相等的最大基本自由權利。

① 每個人都享有平等的機會。
② 若有不平等的現象，那麼必須滿足最弱勢者的最大利益。

「爲何我會有此觀點呢？等我把建構正義社會的基本原則說給你們聽。第一個原則是每個人擁有相等的最大基本自由權利，也就是說，每個人的自由權利與他人享有的自由權利不發生衝突。第二個原則包括兩個滿足條件，一個是每個人都享有平等的機會，另一個是在社會和經濟上如果有不平等的現象，那麼一定要符合最弱勢者的最大利益。」

「由此可見，如果具備了這些原則，那麼我們就必須保持在無知之幕下，但問題是，這種假設的無知之幕的條件很難實現，換一句比較時髦的話來說，其實這種理想就是『當你忘記自己是誰的時候，才能清楚

地知道什麼是正義』，就像《硬漢》中的『老三』，糊裡糊塗，卻做著維持絕對正義的舉動。」

「哦，我明白了，就像是那句俗話：『糊塗人辦明白事，明白人辦糊塗事。』」葛老激動地說道。

「差不多吧。這個世界上的很多事情並不是永遠對我們有利的，有些事情影響他人的同時也影響著我們，所以，我們在做某些判斷的時候應該盡量換位思考，將心比心。好了，今天的課就結束了，希望大家能有一個美好的夜晚。再見！」說完，羅爾斯老師紳士地離開了教室。

羅爾斯老師的話

　　正義是社會制度的首要價值，正像真理是思想體系的首要價值一樣，一種理論，不論它多麼精緻和簡潔，只要它不真實，就必須加以拒絕或糾正。

今天的課真的非常精彩，老師離開後，大家仍然繼續討論關於正義的話題，到今天為止，哲學課堂已經快接近尾聲了，但是大家都很希望這門課就這樣開設下去，不要結束。

羅爾斯老師推薦的參考書

　　《正義論》羅爾斯著。這本書於1971年正式出版發行，並對學術界產生了巨大的影響。羅爾斯曾先後三易其稿，最終成形，這本書成為了20世紀下半葉在倫理學、政治哲學領域中最重要的理論著作之一。由於《正義論》第一版的封面為綠色，當時有人以「綠魔」來形容這本書的影響力。據後來的統計顯示，自1971年起，全球共有5,000餘部論著專門對其研究討論。

　　《政治自由主義》羅爾斯著。在本書中，羅爾斯修正了他在《正義論》中提出的公正觀念，並從根本上改變了對它的哲學闡釋。在《正義論》中，羅爾斯假定在「秩序良好的社會」裡，存在著相對穩定和同質的基本道德信念，人們對於善的生活狀態有著一致的見解。然而在現代民主社會中，互不相容、無法調和的宗教、哲學和道德學說多元地共存於民主制度的框架內，面對人們對公正的社會生活的質疑，羅爾斯對其進行了「秩序良好社會」的重新定義：這樣一個社會不再是統一於其基本的道德信念，而是統一於其政治上的正義概念。

列維納斯老師主講「他人與自我」

他人於你，是你的責任；你
於他人，你也是「他人」，
是「他人」的責任。

伊曼紐爾·列維納斯（Emmanuel Lévinas，1906—1995）

　　法國哲學家，出生於立陶宛，活躍於法國。他曾經因爲猶太人身分而被
抓進集中營，但後來奇蹟般地活了下來。他提出了最激進的真正意義上的
「他者」理論，成爲當時幾乎所有激進思潮的一個主要的理論資源。其主要
著作有《從存在到存在者》、《整體與無限》和《上帝·死亡和時間》等。

　　近日，林夏又遇到了一些煩心事，她的一個好朋友去一家新公司應聘，不管是業務能力，還是工作經驗，這位朋友都非常合適。但是，最後朋友因為是成人教育（編註：中國為成年人提供的各級各類教育，類似臺灣的社區大學、空中大學、在職進修等）學歷，就被拒絕了。聽了朋友的哭訴，林夏覺得非常不公平，於是就決定介紹朋友到自己的公司來工作。林夏為了保證雙方的知悉權，就告訴人事部同事她的朋友是成人教育學歷，結果同事當時就回絕了林夏，並好心告誡她並不是不給她面子，只是公司的章程上就有規定，不是正規國家計畫內的大學畢業生，公司是不接納的。

　　林夏很生氣，反倒是朋友勸慰她。原來，一直以來，他們這些成教生都深受歧視，尤其是在高學歷的競爭對手面前更是一無是處，而且，很多古板腐化的企業和部門也非常看重這一點。所以，很多成教生都因為這個「出身」而感到自卑，覺得矮人一截，更不敢輕易在別人面前說出自己的這個「出身」。聽到朋友心裡的苦惱，林夏突然意識到，原來人與人之間還有如此可怕的東西——眼光。在社會上生存，不管你是因何原因而被打上了某個烙印，都逃不掉被人用某種眼光看待的命運，甚至可以說，我們的一言一行都落在別人的眼裡，被周圍人所詮釋，稍有不慎，就會招來別人的嘲笑和不屑。唉，誰能不顧世人的眼光自由地活出自己的個性呢？誰又能完全做到不去在意周圍人的眼光呢？

　　帶著滿腹的惆悵，下班後，林夏仍然堅持來到今天的哲學課堂……

♥ 「他人」究竟是什麼

　　「大家好，我是列維納斯。之所以來到這個課堂也是一個機緣巧合，聽說海德格等大師們都到過此地，所以，我也來湊個熱鬧。今天我們的主題是關於『他人與自我』，說到底也就是『他人』。我想，大家應該會對這個主題感興趣，畢竟，我們無時無刻不在和周圍的『他人』打交道，而且還時刻受到『他人』的影響。」說話的正是一位走進教室的長者，雖然他年歲已高，但精神矍鑠。

　　「你們對『他人』怎麼看？是不是覺得他們有時很可惡，有時又

很讓人喜歡？你，是不是覺得當自己的兒子考上知名大學的時候，『他人』的羨慕眼光很令你高興和驕傲？還有你，當你走在人行道上專心看美女結果撞上電線杆時，那一刻『他人』的眼光是不是令你痛恨，恨不得那些人全部消失？還有你，當你應聘的時候，是不是特別不希望面試官的眼神在你那醜陋的胎記上多停留一秒？」列維納斯老師隨便指著教室裡的人，舉出了許多有趣的例子，逗得在場的人都哈哈大笑，看來，今天的這位老師的確很特別。

「笑什麼，我說得可都是我們生活中鮮活的例子呀！」列維納斯老師故作委屈地接著說，「其實，人是一種群體性動物，人類的生存離不開群體，就像亞里斯多德曾經說的『人類的本性就是社會性動物』，透過他人的存在，我們可以認識到自身的存在，而與他人的不同，也讓我們更加認識到自身的特點，即自身的獨特標誌。」

「換句話說，所謂的『他人』就是我們為了認識自身而規定的客觀基準。精神分析學家拉岡認為，嬰兒從鏡子中看到自己的影像就是其最初接觸到的『他人』概念，直到他在鏡中看到自己之後，他才能對自身的認識達到一個統一的整體。所以，只有認識他人才能說明我們完整地認識自己，因為，在成長的過程中我們自然而然地透過與他人的區別來塑造自身，不管是為了有所不同還是有所相同。因此，從自身的角度出發，我們每個人都顯得對自己很在意。」

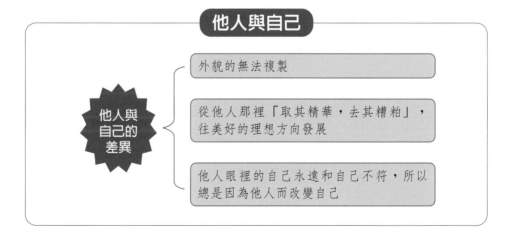

他人與自己

他人與自己的差異

- 外貌的無法複製
- 從他人那裡「取其精華，去其糟粕」，往美好的理想方向發展
- 他人眼裡的自己永遠和自己不符，所以總是因為他人而改變自己

「對於自己與他人的存在關係，很多哲學家都展開過不同的討論，而我認為，**他人的存在就是他人，和我們自己是完全不同的存在**。首先是外貌。我想大家都渴望自己長得漂亮、精緻，或者挺拔、帥氣吧，可是我們不會為了這些優點而去改變自己的外貌，或者說不會因為特別喜歡某個明星而把自己整容成他（她）的樣子，因為這是根本不可能的事情。」

李萍老師知識補充站

在我們的現實生活中，他人扮演著一個非常重要但又往往被我們忽略的角色。試想，如果沒有其他人，我們的生活還能如此豐富多彩嗎？

「再者，人類總是在看他人的時候和自己進行比較，這是每個人都會有的心理，當我們看到自身與他人的差異之後，我們會慶幸自己沒有那些醜陋的一面、劣性的缺點，同樣也會羨慕對方的優秀和美好，更重要的是更能認清自己所具有的和缺少的一面，以及自己身上被賦予的責任，而我們最終也會朝著這種自己與他人的不同而努力朝著美好的方向發展和保持，這是他人最重要的一個存在意義。」

「最後，我們永遠都想知道自己在他人眼中的形象，就像我們永遠都希望把自己美好的一面展示在他人面前一樣。他人看我們的目光對我們來說永遠都是一個謎，我們在意卻無法認知，永遠無法控制，同時我們又總是不想讓他人窺測我們的隱私，於是我們就會變得特別在意別人的目光，或者希望知道他人對自己是好評還是負評，再或者，就像沙特所說過的『想從對方那裡奪回自己』……」

❤ 「比較」是一件累人累己的事

「我想問問大家，你們有沒有過這樣的感覺：在家休息的時候穿著睡衣非常舒服，但是一想到出門要換衣服就懶得出門了。還有，連續辛苦上了五天的班，到週末就不想出門了，覺得出門比上班都累。」列維

納斯老師說道。

「就是就是，我在家可以想怎麼坐就怎麼坐，想怎麼躺就怎麼躺，不用顧慮是否影響到別人。」余意同學緊接著說道。

「我也是，像我們女孩子，出趟門更是麻煩，梳妝打扮費時間，如果是要穿高跟鞋的話，那就更累了，而在家卻可以素面朝天，穿著寬鬆寬大的睡衣，簡直就是再輕鬆不過了。」小米激動地說道。

「呵呵，如此看來，大家的體會都相差無幾呀！那我再問一問大家，你們為什麼感覺出門會累呢？為什麼你們出門時不能像在家裡一樣呢？」列維納斯老師繼續問。

「當然不可以了，出門那麼多人看著呢。」小米趕緊回答道，聲音還很大。

「呵呵，是呀，出門會有人看，其實，這種心理也是因為我們在意周圍人的眼光所造成的。將心比心，我們在外時也總是會關注別人的一言一行，注意周圍人的穿著打扮，看到有人拉鍊開了會覺得對方很糗，看到有人走路摔一跟頭會覺得很好笑，看到有人在車上打呼會感到很好玩……我們的一言一行也同樣存在於別人的眼睛裡，被周圍所有人關注著，那麼我們當然就會在意別人的眼光和評價了，尤其是在自己處於弱勢地位的時候，就更加厭惡別人的關注了。」

「的確如此，被別人關注著總是會令我感到不自在和不耐煩。」家明同學說道。

「是吧，為什麼我們會有這樣的感覺呢？其實很簡單，正是因為『被比較』才會令我們感到疲倦，不過，不僅僅是這樣，還有『主動比較』。如果我們只是一個人在家的話，當然不會有人去評價你穿著一條內褲在客廳的沙發上躺著，悠閒地翹著腿，上著網，同樣地，你也不用花費精力去比較別人或者思考別人如何看自己。」

李萍老師知識補充站

想開點兒，因為每個人都是獨一無二的！

「**每個人的身上都會有別人的**

優點和自己的弱點，沒有完美的人存在，我們每個人都會有自卑感。例如，你的身高只有150公分，而你周圍都是比你高的人，這時，你在比較別人的身高的同時就會加大自己的自卑心理，這樣會讓你產生逃離的感覺，更討厭別人此時對你的任何打量。可能別人只是在看你漂亮的眼睛，你也嚇得趕緊低下頭躲避對方的視線。即使是時刻需要被關注的明星們也擺脫不了這種因為關注而疲倦的心理，有時候他們離不開被關

注，但同時他們也會厭惡被關注，因為他們也會有出錯或出糗的時候，自己不利的一面被別人拿來比較當然是非常厭惡的了。」

「至於比較別人為什麼也會累己，那就更簡單不過了。當你透過比較發現自己和對方的差距或者發現自己的弱勢時，你的心情還會好嗎？當然，如果你因此而刺激自己改變和提高，那就另當別論了。」

「因此，不管是與別人比較還是自己被比較都不是一件輕鬆的事情，你們說是不是？」

❤ 他人就是我們的責任

「人與人之間的關係本來就很難說得清楚明白，是無法按照法律條例進行一一規劃和要求的，更不是理性思維裡的非此即彼，所以，我認為，用倫理來解釋他人與自己的關係是最好不過的了。」

「正如倫理思想無法從我們的生活中消失一樣，他人的存在與我們的關係也是永遠無法切斷的，而且，**他人就是我們的責任，我們對他人負有無限的責任。**」

「為什麼我會這樣說呢？這裡，我所理解的責任其實就是你們常說的義務，即面對不是你的事情，甚至是與你無關的事情時，從你和對方共處一個空間的那一刻起，對方就是你的責任，你就有義務接受這個責任。通常我們所承受的責任都是為自己而承擔，而這裡我所說的責任是為他人的，即要為他人的責任對自己負責。」

「舉些例子來說吧。公車是一個公共場所，沒有任何規定說你不可以在車上做什麼，但是，有一個前提是你不能影響到其他乘客，你不能躺在

李萍老師知識補充站

　　列維納斯非常強調我們對他人的責任與義務。這可能與他深受基督與猶太教思想影響有關。在基督教中，上帝普愛眾生，是無條件的。上帝也告誡我們，要無條件地愛你的鄰居。列維納斯將教義中的鄰居拓展到所有的他人。

凳子上，不能在車上隨地大小便，不能把公車當作自己的私家車一樣指揮等。這些就是你要對他人所負起的責任，因為，有他人的存在，就有倫理的存在，你不可以違背倫理，這是你成長必須的條件。如此，這麼

他人就是倫理

他人就是倫理

世界上總會有他人的存在。

他人的存在就是提醒我們注意。

他人就是我們的責任，他人本身就是「倫理」。

責任不會以你的決定而轉移，責任不在於你是否願意承擔什麼，而在於你被賦予了什麼。

責任是無可替代的，責任讓我們成為了世界上獨一無二的個體。

多的不可以，在你進入這個世界的時候就被灌輸到了你的意識當中，也就是說在你還沒有意識到是否接受這種責任的時候，這些責任就已經成為了你的義務。」

「因此，責任不在於你到底是否願意承擔什麼，而更多的是你被賦予了什麼。不論你是否決心承擔，它都不會以你的決定而轉移，並且，在你做出決定之前，它就已經落在了你的肩上，因為，它屬於你自主結構本身。」

「哦，我明白了，其實您的意思就是說這些責任雖然說是我們的義務，與我們無關，但是，卻是我們成長和構成的一個重要方面，比如說我們在承擔對他人的責任，我們知道不能隨地吐痰，不能在安靜的公共場所大聲喧嘩，這些為了他人的責任其實也是我們自身道德水準的構成，對不對？」小米似乎非常高興。

「說得很對。可以說，他人的存在就是為了讓我們去注意，我們對於他人而言也是同樣的『他人』身分，不在意他人的看法就意味著不考慮他人的感受，也就等於推卸自己的責任，完全隨心所欲，這對人類而言只會是倒退而非進步。我們對他人的責任是與生俱來的，是沒有條件的。我認為我們應該全心全意地為他人負責，就像上帝愛人們那樣，不計後果、不求回報。至於他人如何行事，那是他人的事情，與我們無關，我們只需要把自己的分內之事做好就OK了。而且，『他人』的存在越多，我們所承擔的責任就越多。」

「舉個簡單的例子來說吧。一個從小就在深山裡長大的孩子，一輩子面朝黃土背朝天，沒有進過城市，一生中見到的人也就不超過10個，那麼他所承擔的責任自然要少很多。他不用懂得坐公車要給老人和孕婦讓座，他也不用知道吃漢堡盡量不要在地鐵上吃，更不用知道用水不能忘記關水

李萍老師知識補充站

列維納斯老師宣揚我們要無條件地、全心全意為他人負責，這才是為人的特性和意義所在。他的這一論點，是不是有些不可思議呢？

龍頭等，這些對他人的責任完全就不存在於他的世界中，他也沒有這樣的『他人』與他自己形成關係而需要去認識這些責任。所以說，**責任不是我們能夠控制的，它賦予你多少，你才能夠承擔多少，並且每個人的責任是無可替代的，正如每個人的人生都不相同一樣，因為責任，我們成為了世界上獨一無二的人。**」

「好了，今天的課就到此為止了。希望我的課能留給大家更多的思考，謝謝！」說完，列維納斯老師就大步走出了教室。

列維納斯老師推薦的參考書

《**從存在到存在者**》列維納斯著。本書是他早期的一部重要作品。列維納斯承繼了海德格、胡塞爾的存在哲學的精髓，使其成為最早將海德格及胡塞爾介紹到法國的哲學家。他在書中提出了自己獨特的「實存」（編註：臺灣學者也稱「有」、「存有」）概念，在海德格的「存在」概念上加以發揮和拓展，成為了哲學的重要鋪墊。

《**塔木德四講**》列維納斯著。本書深入探討了作為猶太思想意識在歷史長河中「所包含的所有的顧慮和歉疚」的論述。其中包括人道危機──「日月大地為之蒙羞」；信仰危機──「應許之地不是許可之地」；民族優越性授權的危機──「求助於出自以色列精神優越性的權利是不妥當的」等。

第十五堂課

胡塞爾老師主講「眞相」

我們的心境會干擾我們對真相的判斷，其實真相距我們很近。

胡塞爾（E. Edmund Husserl，1859—1938）

　　德國哲學家，20世紀現象學學派創始人。他早先攻讀數學、物理，1881年獲博士學位，1883年起在維也納追隨德國哲學家、心理學家弗朗茲・布倫塔諾鑽研哲學，先後在德國哈勒、哥廷根和弗萊堡大學任教，1938年病逝於弗萊堡。他的思想對後來的哲學家們具有很大的影響，有些著作至今仍在整理中。其主要著作有《純粹現象學通論》、《邏輯研究》、《歐洲科學危機和超越現象學》和《哲學作為嚴格的科學》等。

最近，網路上發布了一則新聞，說有一輛卡車在高速公路上發生側翻，而同時車上散落下來的塑膠袋包裹著的十餘具屍體也一覽無遺，這則新聞立刻在網路上引來熱議，但是相關負責人聲稱這只是醫學院用來教學的實驗標本。「真的是這樣嗎」、「好恐怖呀」、「居然還有這樣的事，拿真屍體進行實驗」……一時之間，網路上質疑的聲音此起彼伏，有些人甚至懷疑是否真的只是實驗標本，而且，隨著事態的發展，網路上的熱傳，讓更多的人開始質疑這件事情的真實性，到底真相是什麼呢？我們看到的是否就是真實的呢？今天的哲學家能夠解釋關於「真相」的問題。

「大家好，我是胡塞爾，德國人，而且我還是海德格的老師，你們已經聽過他的課了吧。他曾經是我最為器重的弟子，但是很遺憾，他最終沒能出席我的葬禮。而且，本來他的大作《存在與時間》的扉頁獻詞是獻給我的，不過很可惜，因為當時的社會情勢，最終沒能實現，所以，說實話，我的心裡還是非常失望的。好了，不跟大家閒聊了，還是趕緊進入正題吧。今天的主題是關於『真相』的，那麼我們就開始吧。」沒有想到，這突然進來的大鬍子老師居然就是偉大的胡塞爾，海德格的老師，這令在場的人很是吃驚。

♥ 一個命題如何成為真命題

「一直以來，人們總是說『透過現象看本質』，總是把顯現的現象與本質對立起來，把實物的顯現方式和存在方式分開，把超越現象而存在的超越世界當作是意識的對象或者說是意識的存在，但是，我認為這樣必然會導致懷疑論的出現。也就是說，如果我們不是從顯現的對象來判斷事物的存在方式，而是以意識的分析對象來判斷事物的存在方式，那麼我們必然不能真實地再現事物。為什麼？答案很簡單，那就是我們在給出命題的時候，已經歪曲了命題的條件和環境。」

「『懷疑』是我最不能忍受的東西，不妨告訴大家，我是一個蔑視時間性的人，我最看不起的就是歷史了，歷史是一個無法確定的事物，

因為，我們永遠不可能去親身經歷歷史，無法返回歷史事件的本真，而我們接觸到的歷史都只是人為的記載或描述，那是一種主觀性的東西，我實在是無法說服自己去相信。就好像，你明明沒有吃早餐，但是你卻告訴我說你吃了一頓豐盛的早餐，我無法再返回早上的時間去證實，所以，我不能肯定你是否吃過了早餐。當然，如

李萍老師知識補充站

　　有個哲學的分支學科叫歷史哲學，專門探討歷史的確定性問題。歷史不可能是客觀的，一方面因為材料不夠充實，另一方面書寫歷史的作者們擁有主觀的價值標準和研究取向。

歷史是主觀的

我最不相信歷史了，那是一個無法確定的事物。我們接觸的歷史都是人為記載下來的，而我們永遠也無法還原其真相，重新經歷它。

果你穿越了，那就另當別論了。」

「正因爲我的『離開確定性就無法呼吸』的怪異個性，我的研究也受其影響，所以有些人就給我了一個『發瘋的鐘錶匠』的綽號，因爲我就像是一個發瘋的瑞士鐘錶匠一樣，一直喊著『需要更精確』！」

「那麼，精確性的眞相是如何得來的呢？我們看到的事物究竟是否就是它所表現出來的那樣呢？我們的認識是否就是事物所顯現的呢？」

「其實，我們之所以產生這些疑問，就是因爲我們將事物的外在形象和事物的本身區別開來了。試想，如果你只是把認識的事物和事物的外形統一爲一體，你還會有這樣的疑問嗎？不會，你會把看到的事物外形就當作是自己認識的事物。這就像是常說的『親眼所見』，但是，

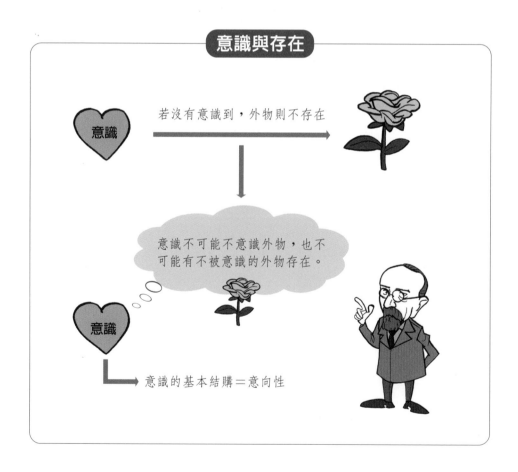

意識與存在

意識 → 若沒有意識到，外物則不存在

意識不可能不意識外物，也不可能有不被意識的外物存在。

意識

意識的基本結購＝意向性

親眼所見並非就是真相，我們的『親眼所見』有時候遠遠達不到『返回事物的本身』的目的，這是我最不支持的一點。為什麼我們的『親眼所見』也無法達到『事物的本身』呢？問題不在於我們認識的對象本身的存在與否，而在於你所『見』的是不是就是『事物的本身』，以及現象對意識所做出的反映內容是否純粹。」

「通俗地說，我們總是戴著『有色眼鏡』來看待周圍的事物，當你對某件事或某個人心存偏見，或者你所看的視角發生了變化時，你的意識對事實的顯現就可能產生不同於事實的傾向，那麼你的『親眼所見』必然就不是事實的本身了。」

胡塞爾老師的話

歷史本身不是答案，而是破綻。

「哦，我明白了，只要我們存在著『先入為主』的意識，那麼即使是我們親眼所見的事物也可能並不是事實本身，而是已經融入了我們的主觀意識的顯現。這樣的顯現方式就和存在方式不統一了，認識的事物也必然與事物本身的存在不吻合了。」余意說。

「沒錯，從現象中找真相必然是最靠譜的一種認識方式，但這是一個非常艱巨的任務。因為，往往人們意識裡的主觀性總是先入為主地得出肯定的『真命題』，這就是沒有還原事物本身的『親眼所見』。」

❤ 如何看清事實真相

「我們都知道，自然界裡的存在總是喜歡『隱藏真正的自己』，事物的真相並不是我們一眼就能看出來的，所以，我們才總是習慣了從現象看本質。既然要從現象看本質，那麼就必須要不受任何外在干擾，把目光和意識全部集中到事物本身，也就是面向顯現自身，在現象中尋找真相。」胡塞爾老師說道。

李萍老師知識補充站

　　胡塞爾認為，只有用排除一切經驗的純粹心靈靜觀，才能把握事物的本眞狀態。我反而覺得，我們根本無法擺脫自己的經驗而獲得「靜觀」。

　　「但是，如果說不受外界干擾，純粹地關注事物本身，我覺得那是不可能的，我們必然會在關注事物的同時也關注到事物周圍的一切情境，而這些情境可能就會在我們的意識中留下痕跡，干擾我們的判斷。」家明同學發出了牢騷。

　　「的確如此，所以，我所說的尋找眞相的方法就是掌握事物是如何在意識中顯現的方法，也就等於掌握意識是如何認識顯現的方法，那麼我們就不會被隱性意識所干擾，轉變爲主動掌握意識的認識方法，進而從

葫蘆的命運

　　胡塞爾透過葫蘆的例子，來證明經驗積累有時候也是一件壞事，會誤導人們的判斷和決定。

意識中尋找真相。」

「其實，有時候，我並不贊成經驗積累，因為經驗有時候也是一件壞事，會誤導我們的判斷和決定。舉個例子，你種的葫蘆長大了，結果了，但是其中有一個長得非常大，幾乎有一個大西瓜那麼大，這時你的經驗告訴你，這個葫蘆已經無法食用了，而無法食用就沒有任何作用可言了，結果你就扔了它。」

「之後，另一個人撿起了這個葫蘆，發現這個葫蘆比平時的大，而且很輕，放到水裡可以漂浮起來，於是就將其切開兩半，恰好可以用來舀水，這樣反而變廢為寶，得到了意外的收穫。」

「由此可見，經驗反而讓我們失去了更有利的條件，我們的意識認識活動其實並不那麼純粹，當我們接觸到事物的顯現時，我們的意識就已經在認識了，而這認識並非是從自然的態度出發的，而是帶著一定歷史經驗的。」

「事實的確如此，但是，這也是在所難免的，如果不用經驗，那麼生活還有什麼意義，生活不就是為了積累經驗，讓之後的生活更容易嗎？」葛老插話道。

「我理解，想要拋開一切常態的看待事物的方式，的確很難，但是，如果我們明明知道自己認知上的偏頗卻不去改正或改變的話，那豈不是自欺欺人嗎？而我要說的就是，我們應該擁有一種全新的方法，而這種方法就是勇敢地認識我們在認知上的一些誤區，並把認知結構和方法全部掌握，那麼在以後的認知活動中，占主動角色的就是我們。也就是說，即使我們手中是一把殘破的摺扇，但是只要我們知道這摺扇的破綻在哪裡，從而掩蓋或者避開破綻，我們手裡握著的就是一把完好的摺扇，它依然能夠發揮它的最大效用。反之，即使我們手裡拿著的是一把完好的摺扇，但我們不知道它可能會存在的弱點和破綻，那麼我們很容易令其暴露在『危險』的情形下，等同於我們手裡握著的是把隨時都會失去效用的摺扇，相較於前者，這樣的摺扇的確是『貶值不少』呀！」胡塞爾說完，看了看大家，似乎大家對他的觀點還很難消化。

「你們明白了嗎？其實，很多事情並不是我們看不到，而是因為我們『視而不見』。有時候真相就在事物本身，顯現告訴我們的就是真相，可是很多人往往因為認知活動上的差距，無法看到真相，於是就認為真相藏在顯現背後，要透過現象找本質，將現象與本質分離開來。總而言之，還是要回到事實本身，無論事實如何曲折，都必然要有其顯現方式，而顯現方式也必然和存在方式是一體的，存在就是本質，那麼認識自然就明瞭了。」胡塞爾如此說道。

李萍老師知識補充站

當我們排除了一切雜念和利害關係時，事物呈現出來的樣子就是它的本真狀態。所以在認識事物的時候，要盡量拋棄自己的主觀立場和有色眼鏡。

❤ 為什麼我們看同一事物會有不同的認識

「在我的《邏輯研究》一書中，我提到了一個關於『意向性』的問題，這是我的現象學中不可缺少的一個概念。我還是先來舉個例子吧。」

李萍老師知識補充站

人的認知動機和認知條件會對認識結果產生巨大的影響。這應該比較好理解吧！

「當你經過一間寺廟的時候，寺廟的牆上用阿拉伯文字雕刻著經文，這時你可能不能立刻想到它就是經文，反而認為那是一種裝飾性的圖案。但是，之後，你證明了那是錯誤的，你突然意識到那些字元其實是一種語言文字的記號。這前後的差別在哪裡呢？差別就在於我們的意向行為不同，根據一定程度的資訊來判斷一個東西，並進一步確認判斷是否正確的過程就是能動的認識活動，這個過程中所形成的意識和對象間的關係則為意向性。」

「我認為，所有意識都是關於某物的意識，而意向性又是最確切意義上的意識的特徵，表達的內容就是意識，即意義，表達的意義是透過賦予意義的行為加到表達的物質外殼中去的東西，當我們說或寫下某段文字的時候，我們同時也把意義加到物質的外殼中；當我們讀或看某段話的時候，同樣也是將意義在意識中再現出來。離開了人的意向性行

到底哪個是真相

抗日戰爭的勝利者……

解放戰爭的勝利者……

表達的對象（意向對象）指向同一個，但意識的意向性卻不同。

意向對象的感知是有角度的。

為，任何記號都不可能成為有意義的意識外殼或語言。所以，意向性行為往往會導致不同的認識結果，它的認識範圍是無限的。」

「當我們表達一個意義的時候，我們的意識活動必然是以某個對象為基礎的，這個對象可以是實在的對象，也可以是觀念上的對象或者想像的對象，這樣我們的認識活動就不會僅僅局限在客觀的有限範圍之內了，而是超越客觀世界的無限廣闊的意識世界。所以，對我來說，意向物件既不是外在於意識的客觀存在，也不是內在於主體的主觀存在。首先是事物的同一性。我們可以在不同的心靈活動中指向同樣的對象，比如『抗日戰爭的勝利者』和『解放戰爭的勝利者』具有不同的意義和心理活動，但表達的對象卻是指向同一個，可見物件的同一性不可能依賴於活動的同一性。如果我的意向的對象真的是內在於意識活動的，那意味著我永遠只能一次性地經歷同樣的對象，每一次都是新的感知，每一次感知的對象也是新的。同樣的道理，幾個不同的主體經歷同樣的對象也是不可能的。意向對象的同一性意味著意向對象是不依賴於意識的知覺活動的。」

胡賽爾老師的話

　　每一種原初的直觀都是認知的合法源泉，在直觀中原初地給予我們的東西只應按照其被給予的那樣，而且也只在它在此被給予的限度之內被理解。

「其次，我們對意向對象的感知總是有角度的。我看一個三角形，如果我注意到的是它的三條等邊，那麼我會認為它是等邊三角形；當我注意它的三個等角時，我會認為它是等角三角形。所以，沒有任何單一的現象能夠把握住整個對象，對象也總是不被單個的意義限定，它是超越意義的，或者說對象是超越內在心靈的，對象才是聯繫不同心靈或者表達意義的統一體。」

「換言之，我們的感知總是有角度的、有規定性的，不可能感知對象的所有側面，這意味著意向性對象不依賴於不完整、不充分的感知經驗，因而完整的意向性對象超越感覺經驗。這也就是說，意向對象既不

是外在於意識的客觀存在，也不是內在於主體的主觀存在的原因。意向性對象並不依賴於主觀的感覺經驗而存在。」

❤ 不同的心境導致不同的「真相」

「看到大家都如此安靜，我覺得這並不是好事，相反，說明大家還很難消化我所講的這些內容，因此才沒有任何人來發表意見和提出問題。很抱歉，現象學方法的確是一個複雜且技術性很強的思維方式，如果用自然的生活態度來理解我的哲學，那麼只會令自己更加迷惑，大家要用突破性的思維方式來變換著理解，這才是哲學精神。那麼，最後我還是講些通俗易懂的話題吧。」

「過去很多哲學家都是把心與物對立起來，透過理論和概念來理解世界，這樣無疑就容易產生過分的先驗主義和絕對主義。所以，**我希望大家能夠用生活的態度來面對世界，因為很多東西不是用概念就能夠解釋的，而是受我們的心境所影響的。**」

李萍老師知識補充站

很多事情是說不清、道不明的，然而我們卻不知不覺地做了。這是生活在引領我們。

「舉個例子來說吧。你買了一張電影票，打算和朋友一起去看電影，可是在去之前，你的電影票丟了，於是你就決定不去看電影了，也沒有心情看電影了，因為你會覺得重新買電影票等於花了雙倍的價錢看電影。」

「又一次，你買了電影票，但是看電影前手機丟了，這時你不會因為手機丟了而沒有心情不看電影了，因為你的心境不同了。雖然，手機要比電影票貴很多，丟手機要遠比丟電影票損失得多，可是，丟電影票對我們看電影的心情影響卻比丟手機更大，這是不能用理性、概念來解釋的。」

　　「所以，認識並不是非此即彼那麼簡單，用生活的態度來體驗先於理性的世界也不失為一種意識方式。有時候，我們想要認識真相，就必須先認識自己的心靈，掌握了自我，也就掌握了最有利的武器。即使是那些一閃即逝的前提，都應該是作為能動認識的確切存在，因為它存在，就會被意識，不可能存在不被意識的外物，那麼，它們的存在必然有其意向性和目的性，你們不能忽略掉這些存在，否則這會對你們的認識產生很大的誤區。總之，還是一句話，掌握意識的規律，才是認識真相的可取之道。」

　　「好了，今天的課就到此結束了，我已經超出了規定的時間啦，謝謝大家！」說完，胡塞爾老師便迅速地走出了教室，留下了一雙雙迷茫的雙眼，看來，今天的課比較難消化，就連一向思維敏捷的家明同學都一動不動地在那裡沉思，心裡還在想著剛剛的「意向性」問題。

 胡塞爾老師推薦的參考書

　　《**邏輯研究**》胡塞爾著。本書是胡塞爾最重要的哲學著作之一。它的影響不僅規定了當代許多著名哲學家的思維方向，而且遠遠超出了哲學的領域。在書中，胡塞爾主要批判了當時作為主流哲學的心理主義，認為它混淆了心理學對象與邏輯學對象，使後者的客觀性喪失在前者的主觀性之中，從而導致喪失客觀真理，走向懷疑論的過程。

　　《**哲學作為嚴格的科學**》胡塞爾著。這本書在當時的思想界產生了很深遠的影響，其影響可以概括為兩方面：一是哲學對自然主義的影響；二是哲學對歷史主義的影響。前者主要表現在當時盛行的實驗心理學的各種學說之中，而後者主要是指為狄爾泰等人所倡導的歷史學派。

第十六堂課

柏格森老師主講「笑」

我們為何會莞爾一笑，
我們為何會哈哈大笑？

亨利・柏格森（Henri Bergson，1859—1941）

　　法國哲學家，文筆優美，思想富於吸引力，以其在笑、生命、綿延、創造進化等方面的經典表述而著名，柏格森主張具體的體驗直觀和本能，而非分析性的知性。他宣導生的哲學，主要著作有《時間與自由意志》、《物質與記憶》、《創造進化論》和《笑》等。

今天，林夏的心情似乎比較好，一路上總是不自覺地發笑，而且，連她自己都不知是在笑什麼。笑今天得到老總的誇讚？但這似乎不值得如此高興，那是常有的事；笑車上那個睡著打呼的年輕人？這個似乎值得一笑。不過，以林夏的個性，這些應該都不值得她一反常態地笑一路，不過，林夏似乎是有意為之，為什麼呢？因為，她想做一回傻瓜——今天，在微博上，林夏無意中發現了一條這樣的微博：「一般情況下，愛笑的人智商都比較低。你想到了誰？」呵呵，林夏不停地在腦海中搜索著愛笑人的記憶，不禁勾起了很多過去的回憶，有兒時的鄰居，有少年時的調皮鬼，不過，最終林夏還是將主角鎖定在了小時候見到的那個大姐姐身上。

小時候，林夏每次見到那個大姐姐，都發現她在笑，對所有人笑，不管是認識的還是不認識的，那時，林夏對她充滿了好奇，而那些好奇被所有人的一句「她是個傻瓜」給打消了，於是林夏便對這個傻瓜姐姐敬而遠之，怕自己也會被傳染變成傻瓜。但每每不得不和她接觸的時候，林夏又總是忍不住地想要接觸，想要探索她的世界，想知道她的想法，更想知道她在笑什麼，又或者，只是想從她那裡學到快樂，學會永遠沒有煩惱地笑著。

長大後，林夏一直在外求學，一直都沒有機會再見到那個傻瓜姐姐，本以為還會有機會的，沒想到，得到的是她早些年已經去世的消息，而且去世得非常突然，沒有任何徵兆，大家都說，她也算是解脫了。

現在，這條微博讓林夏又想起了小時候的那個傻瓜姐姐，突然覺得，「傻瓜愛笑，所以智商比常人低」的說法正好符合傻瓜姐姐，但是真的如此嗎？

❤ 我們為何哈哈大笑

「大家好，我是柏格森，我想很多人應該都聽過我的名字，不過，沒聽過也沒有關係，我今天來的目的不是宣傳自己，而是要宣傳我的招牌『笑』的。」這位哲學家的開場白立刻引起了大家的哄笑。

「為什麼你們要笑呢？我長得可笑嗎？」柏格森老師不解地問道。

　　「不是，老師，是因為您從進門開始都沒有笑過，卻說自己是來……呵呵。」家明同學一邊笑一邊說道。

　　「哦，是這樣，我不是來笑給大家看的，我是來給大家講『笑的哲學』的。也許你們很少聽過這樣的理論，也很少有哲學家會把笑拿來研究。很多人認為，笑不就是簡單的『因這個而發笑』、『因那個而發笑』、『快樂就笑』、『不快樂就不笑』嗎？還有人說，如果大家都知道了笑的緣由，每次笑的時候還要想想笑的哲學，那豈不是再也笑不出來了嗎？你們應該也會有這樣的想法，不過，沒有關係，我講『笑』其實只是想讓大家對生活產生更多新的領悟而已，大家不必如此認真地把它當作學問一樣來研究。」聽完柏格森的這段話，林夏很是激動，她已經迫不及待地想聽到下文了。

　　「首先，**我要說笑是人類所獨有的**。早在亞里斯多德時期，他就曾在他的《動物學》裡說過：『人是唯一能笑的動物，不存在人以外的愛

人類的笑

笑常常是一種集體的笑，笑也是具有群體性的。有時候，對某個對象的笑意的情感並不是每個人都會產生的，如果不是同類，就不會發笑。也就是說，我們只有在懷有相同情感的人在場的情況下才會發笑。

笑是人類所獨有的

笑的動物。』確實，我們或者看到小狗齜牙咧嘴，或者看到牠們搖尾乞討，卻從未見其笑過。牠們永遠都是一副嚴肅的表情，最多也只是張著嘴巴嗥叫幾聲，或者是伸出舌頭乞求食物，不過，我們看不到牠們嘴角上揚似的微笑。為什麼呢？我認為，小狗應該沒有情感反應吧。」

「如果沒有人類情感上的反應，那麼就不會產生笑意。動物根本不懂得那些快樂的東西，牠們也不可能有人類那種情感，牠們更多的是生存本能上的需求，需要食物、需要溫暖，需要主人的撫摸和親近，這些都是建立在生存需求上的基礎，如果沒有那些乞求和爭取，牠們就無法依靠人類生存下去了，僅此而已。」

「而人類產生笑意也是需要情感基礎的。比如，我們看到商店裡擺放的各式各樣的帽子時我們不會發笑，帽子本身並不會引起我們的笑意，但是，如果店主在店裡放了一隻猴子，並讓那隻猴子戴上帽子，那麼我們就會笑起來──『看那猴子戴帽子真好玩！』或者再給那隻猴子一根煙，讓牠學著電視裡的滑稽動作，那麼我們會笑得更樂。所以，我們笑的並不是帽子或者猴子，而是猴子戴著帽子模仿人的動作。」

人類在笑什麼

人類產生笑意是需要情感基礎的

「再者，笑常常是一種集體的笑。笑也是具有群體性的，有時候，對某個對象的笑意的情感並不是每個人都會產生的，如果不是同類，就不會發笑。也就是說，我們只有在懷有相同情感的人在場的情況下才會發笑。比如，女兒喜歡某檔娛樂節目，喜歡裡面滑稽誇張的主持人，但是，母親卻可能認為那種滑稽的表演簡直就和瘋子一樣，極其難看。所以，面對母親的嘲笑和冷漠，女兒大概也是很難笑出來的吧，不過至少還有電視裡的觀眾跟著大笑，能讓人產生集體笑的欲望。」

「那是不是說，如果沒有年代或者觀念上的共同點，就很難笑出來，對嗎？」小米問道。

「是的，笑是一種自己與對方的默契。我們經常會發現這樣的場景，在一個公共場合，大家會不約而同地發出笑聲，但極少會是大家都不笑，只有一個人在那裡發笑。比如，老師在講臺上講課，同學們一直

笑的社會屬性

笑是具有特殊的社會集體習慣

都是認真嚴肅地聽著，但是，突然老師說出的某個比喻，同學們幾乎全部大笑起來，這就是一種默契，大家在笑意的理解上具有共同點，或者也可以說，這種情況下的笑如同暗號，因為大家都明白其中的笑意。當然，笑的收場也是具有默契的，通常我們大家在集體發笑的時候似乎都能夠同時間結束笑聲，不管認識的人是否都具有這樣的默契，似乎觀眾都知道何時該笑，何時該停止發笑，這種事可以用『特殊的社會習慣』來解釋，似乎更能讓人接受。不過，我認為，這前提必須是情感上的共同反應，更遠地說，就是成長環境、文化薰陶以及倫理道德、思想環境等在人成長過程中所滲透進去的情感反應，如果沒有這些前提條件，集體的笑是不可能產生的。比如，當我們看到某個古老的民族把貓奉為神靈時，我們就會忍不住發笑，但這種笑在他們眼中不但不會得到集體的共鳴，反而還會為你招來麻煩。所以說，**笑聲的感染是需要具備『特殊的社會習慣』的。**」

♥ 滑稽從何而來

「說起『笑』，我們更多的感覺那是一種生理上的自然反應，或者說是情感上的感性表現。但是，滑稽不同，滑稽更傾注於理智的笑。滑稽是什麼呢？」

「滑稽其實就是當集體將某個注意力放在某個人或事情上的時候，產生了某種感性沉默，並用理智來思考問題的瞬間。可以笑，也可以不笑，笑只是滑稽的表現方式之一，我們可以用笑來表達滑稽的反應，但我們也可以是用理智的思考來理解那種思維。」

「我在《笑》一書裡說過：『一切可笑都源於靈活的事物變成呆

滑稽的來源

靈活的事實變得呆板、機械　　　從理性思考而來的滑稽

由社會性導致的笑

板，生動的舉止化作機械。』所以，重複單調的言行，無不惹笑，像口吃、口頭禪，像小孩子有意模仿大人的行為。」

「我們正是用理智發現那些並非是故意為之的不熟悉的東西，所以我們才會發笑。同時，我們的理智又會提醒我們，有些事是無法用笑來表達出來的。比如，我們在地鐵上看到一個女孩子因為穿著高跟鞋在平

坦的車廂內跟蹌地摔倒在地，這時候，我們和旁邊的人雖然也會關心地擔心她摔得是否嚴重，但心裡還是會發笑一下，因為那個摔倒的動作真的顯得笨拙而不靈活，而這種笨拙的認識就是我們理性思考的結果。同時，我們也會思考這不是應該笑出來的情況，因為那是不禮貌的。」

「再者，滑稽有時候並不如表面上那麼明顯地讓人發笑，我們必須借助我們理性的思維來進行思考，這一點在卓別林的無聲電影中表現得最為明顯了。為什麼我們會認為那些動作是滑稽的呢？因為，我們看的同時在思考，思考那些糊里糊塗的動作為何要這樣展現，而能看清那些笨拙舉止的方法只有理智。」

「有時候，我們也會清楚地認識到，笑需要社會性。舉個例子，假如你今天沒有穿鞋出門，那麼你一路上都會被路人嘲笑，到了辦公室你還會被同事笑，甚至老闆還會找你談話。但是當你到了另一個地方，那裡的人都沒有穿鞋，而你看到的第一眼就是那些人居然都光著腳走路，對你來說，那是非常奇怪而可笑的，你笑了，但是，很快你會發現，所有人的笑都與你不同，大家只會笑你穿著鞋子，而不會笑自己沒穿鞋子。雖然說前後笑的內容不同，但是大家笑的對象卻是一致的，都是『你』，而你要擺脫不被笑的情況就只能改變自己，讓自己成為『不可笑』集體的一員。」

「還有一種情況，人在被當作笑的對象時往往都會有一種心理，就是希望能有更多的人跟自己處在同樣的境地，希望能有更多的人轉嫁自己被笑的目光，或者說期待更多的人也會如自己一樣滑稽，因為，這樣的話，取笑的對象就是集體而不是個人了，即使是違背道德的行為也會覺得是被允許的了。而大家在笑那些不道德的行為時，其實也是在用笑來懲罰他們，並且還包含了嘲諷和幸災樂禍。」

「可能大家會對這些話感到迷惑，不過，我想要告訴大家的就是，我們可以發笑，即使我們的笑不是單純的由心而發的感情，而是理智思考後的滑稽可笑，帶著些許不道德。但是，我要提醒大家，我們不可能永遠只是笑別人，也許有一天，我們也會成為別人笑的對象。」

♥ 滑稽是如何表現的

「接下來我來談談滑稽是如何來表現的吧。這個問題比較簡單，大家應該更容易理解。」

「首先來說滑稽的表情吧。滑稽的表情，說簡單點兒就是難看的表情，並不是說原本那張臉好看或不好看，而是說一個人在正常情況下做出了不恰當的表情，那就是一種滑稽。」

「當舞臺上出現的是一個虎背熊腰的男人穿上了女人的裙衫，再梳成女人的髮髻，扮上女人的妝容，模仿女人的表情，那麼臺下必然會哈哈大笑。因爲，這種表情和裝扮完全不符合正經的樣子，反而是刻意爲之的改變導致了滑稽的出現。所以，那些爲了掩蓋古板的機械行爲的暗示，只會讓暗示變得越來越滑稽可笑。」

「再說滑稽的姿態吧，那是與誇張相連的一種機械運動，就是動作和正常情況下相差甚遠，把那種古板的機械化的動作用誇大的方式表現出來。還有就是在某個特定的場景突然出現了與該場景非常不符的情況，而這些非常不協調的情況就被當作非正常的機械化情形，舉個例子來說你們可能會更好理解。」

「當大家正在認眞地聽長官在臺上訓話時，會場非常安靜，突然，臺下傳出了一陣打嗝的聲音，這個與嚴肅的氣氛非常不符的聲音打破了會場的安靜，結果我們可以想像，在場的人估計都會忍俊不禁地笑出聲。如果，緊接著又有人傳出肚子『咕嚕咕嚕』的叫聲，那麼估計會場要亂一陣了，大家會笑得更大聲了。因爲我們理智地清楚打嗝的聲音和肚子的叫聲是與會場完全不符的表現，所以我們會笑這種滑稽，而不會因長官的訓話而發笑。當然，如果長官突然當眾打了一個非常大的噴嚏，估計大家也會發笑的，因爲那也是突發的滑稽姿態。」

「還有滑稽的情景。滑稽的情景更具戲劇化，往往是當局者迷，旁觀者清，而發現者則是發笑者，被笑的對象則是那個情景的主角。通常，我們在看喜劇的時候會發現這樣的場景，當某人正爲某個事情而沾

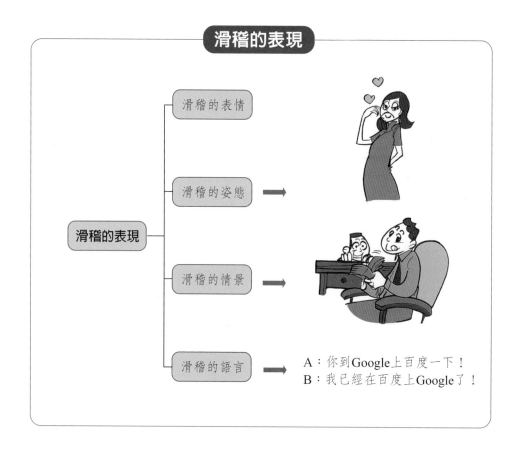

滑稽的表現

滑稽的表情

滑稽的姿態

滑稽的表現

滑稽的情景

滑稽的語言

A：你到Google上百度一下！
B：我已經在百度上Google了！

沾自喜的時候，實際上現實情景已經發生了變化，而那個人物卻不自知，仍然處在自己以為的現狀中，這時觀眾就會發笑，笑人物的愚蠢和笨拙。這種情景模式在西方戲劇中經常出現在『桌下藏人』的情節中，如果大家想要瞭解更多的話，可以去讀一讀莫里哀的喜劇《偽君子》，那裡就有如此滑稽的場景，而且莫里哀的很多作品都具有滑稽的喜劇效果，值得一讀。」

「最後我要說語言的滑稽。這就更容易理解了，通常我們在描述一個人幽默的時候，就會想到語言的滑稽了。語言的滑稽產生發笑的效果最為常見，有時候它需要機智的語言來創造，但有時候又與機智的語言有區別，有時候也是藝術與普通逗樂的區別。而藝術與逗樂之間最大的

不同還是，前者的笑可能更多的是讚許，是認可，而後者可能是否定和批評。大家可以想想身邊發生的一些小事，便能明白我的意思了。」

「笑其實並不是如你所想的那麼簡單，它也許就是一種矯正表達，是對滑稽姿勢、錯誤語言和動作的一種矯正，可能我們無法去阻止對方的錯誤，我們只能用笑來反駁，或者說笑是唯一可以隨意為之的一種發洩。」說完這些，柏格森老師突然笑了笑，這是今天他唯一的一次發笑，但也令大家百思不解。

林夏的腦海裡模糊一片，她突然很想找到當年的傻瓜姐姐，問一問她為什麼發笑，那笑的背後到底是怎樣的世界。

柏格森老師推薦的參考書

《時間與自由意識》柏格森著。本書中，柏格森針對唯機械論和唯物質論提出了反對理性主義的唯靈論概念。他認為，人類必須向自己內心尋求真理，而且必須靠直覺去分析意識以外的一切事物，並用詩句來表達和領悟分析成果。

《笑》柏格森著。出版於1900年，書中匯集了〈由滑稽引起的笑〉等三篇論文，主要探討滑稽、笑作為美學範疇的內涵、外延以及喜劇。他還在書中探討了製造滑稽的方法、滑稽的性質和規定、滑稽的產生、滑稽與笑和喜劇間的關係等問題，對滑稽和笑這一現象做了較深刻的研究。

齊克果老師主講「絕望」

絕望是致死的痼疾……

索倫·奧貝·齊克果（Søren Aabye Kierkegaard，1813—1855）

　　丹麥哲學家、神學家和作家，非理性主義思潮的代表人物。齊克果曾就讀於哥本哈根大學，後繼承巨額遺產，終身隱居哥本哈根，以事著述，多以自費出版。他的思想成為存在主義的理論根據之一，因此被很多人視為「存在主義之父」。他反對黑格爾的泛理論，認為哲學研究的不是客觀存在，而是個人的「存在」，哲學的起點是個人，終點是上帝，人生的道路也就是天路歷程。其主要著作有《非此即彼》、《恐懼與顫慄》和《致死之病》等。

　　今天，似乎一切都那麼平常又似乎不那麼平常，大家像約好了似的安靜地走入教室，沒有任何人說話，只剩下翻書的聲音和按手機鍵盤的響聲，看不出任何人的情緒，也讀不出任何悲喜。

　　林夏不禁笑了笑，心想：「今天會有什麼特別的呢？」

❤ 無名書

　　「喀登喀登」的走路聲飄進了教室，大家都抬起了頭看向門口，進來的是一位非常年輕的男士，其實也不算年輕，但是相較於之前的哲學家們，的確是年輕許多，大概40歲出頭吧。不僅年輕，他長得還很帥，不過有些遺憾的是走路時有些跛腳，背有些駝，另外，他還拿了一把長傘，又像拐杖。奇怪，今天無雨……

　　「每次一回想起他，我的腦海裡總是會出現這樣的場景：在北歐寒冷的夜晚，他穿著一件風衣，風衣已經有些舊了，手裡拿著一把舊雨傘，一個人走在煙霧迷濛的街道上，背脊忽高忽低，若隱若現，渾身散發著憂鬱的深沉，為什麼我會這樣認為呢？因為，憂鬱是他一生都擺脫不掉的宿命。」

　　「他對絕望和憂鬱有著非常詳細的研究，這些必然是需要有很深的情感碰觸才能真正懂得的。這份『寶貴的經驗』也許在他未出生時就已經註定了吧，因為他的父親也是一生都活在憂鬱中。他的父親在年輕時犯過錯，在無法忍受孤獨時還吶喊著詛咒上帝，後來妻子和五個孩子也相繼去世，這令他的父親備受打擊，認為這是上帝對他的懲罰，而他認為自己註定是要下地獄的，帶著這種憂鬱的情緒，小小的他早早地就被父親的憂鬱所感染，並且無法自拔。當父親死去的時候，他也開始了幾乎與父親同樣的命運，認為父親是因為自己而死的，從此活在了悲觀的世界裡。」

　　「慶幸的是，他遇到了他一生中摯愛的姑娘，並贏得了姑娘的芳心，兩個人也決定從此相互依靠，共度此生。但是，秉著忠誠的信念，

他把自己內心的原罪思想以及自己將來要下地獄的悲觀觀念告訴了自己未來的妻子，結果，未婚妻把他的這些消極觀念當作無稽之談，無法理解和接受。於是，他忍痛選擇放手，認為自己不應該把內心的痛苦讓那個純樸善良的姑娘分擔，毅然決然地解除了婚約。從此，他便一個人孤獨地忍受著寂寞，在憂鬱中開始研究這個悲劇的世界，探求世界的人生哲學，並領悟出影響世人的存在主義。」那位奇怪的「傘客」從進入教室便開始讀起書中的文字，那是一本沒有書名的書，看起來非常精緻。

　　「我剛剛所讀的故事裡的那個『他』其實就是我本人，沒有想到我的故事會被人解讀成這樣，但是也八九不離十了。大家好，我是索倫‧奧貝‧齊克果，丹麥人，我研究哲學，也研究心理學，還是一位詩人，不過可能大家沒有聽過我的名字，或者很少看到我的著作，因為我一直都是用丹麥語著述。」

　　「沒錯，我的確是一個有憂鬱氣質的人，我總是在自己的世界裡忍受著寂寞和孤獨，我一生經歷了很多很多，也看遍了各種人和事，但是，我也看到了很多痛苦和失望，這不得不令我感到憂鬱，我必須給自己找個

齊克果老師的話

　　我看出了最為真理的真理，為此，我看出了隨時都可以生和死的理念。

出口，否則我的內心將無法承受如此巨大的分歧，因為我有我的思想，那個東西跟太多人不同了。」聽到臺上的人如此一說，大家開始議論起來，很多人都是在疑問：「齊克果是誰？怎麼沒聽說過？」

❤ 自我存在於痛苦和絕望中

　　「首先我想聽一聽大家的答案，你們認為人和動物的區別在哪裡呢？」齊克果老師問道。

　　「人會思考。」

　　「人有煩惱。」

「人有喜怒哀樂。不過似乎動物也會發怒，也會快樂，唉，我也糊塗了。」

「人有理性。」

……

臺下的人紛紛給出自己的答案。待大家都發言完畢，齊克果老師開始講道：

自我總是存在於痛苦和絕望中

　　齊克果認為，現實社會是一個充滿著缺陷的社會，各種關係並不能和諧相處，因此自我綜合的常態是失調和不完美。當人們幻想自由的時候，卻無時無刻不在枷鎖之中；當人們希望長壽的時候，卻又無法逃避生命的短促。所以，自我總是存在於痛苦和絕望之中。

　　人（自我）生活在社會中，具有更加複雜的本質。自我透過各種精神性的、物質性的關係與其他對象相連，所以他的本質就是這種聯繫，就是各種關係的綜合。但自我的這種聯繫與綜合不是完美無缺的，而這就會造成痛苦和絕望。

「我認為，人（自我）既然生活在社會中，那麼他就和其他動物不同。也就是說，人不是行屍走肉，而是具有更加複雜的本質。自我透過各種精神性的、物質性的關係與其他對象相連，所以他的本質就是這種聯繫，就是各種關係的綜合。」

「自我的這種聯繫與綜合不是完美無缺的，而這就會造成痛苦和絕望。而這一點是動物所不具備的，動物的世界不會存在絕望這種東西的，因為它們沒有人類生活世界中的複雜聯繫。我還是用兩個例子說明我的論點吧，不然就太抽象了。」

「比如說，一個窮苦家庭裡的孩子患了白血病。本來疾病是應該與醫治它的醫院和醫生相聯繫的，但是由於他們沒有錢，建立不上這樣的聯繫。因此孩子以及他的家人便會陷入痛苦和絕望之中。」

「再比如說，一個見義勇為的小夥子扶起被別人撞倒在馬路上的老太太，而且還送她去了醫院。但是老太太卻昧著良心，一口咬定是小夥子把她撞倒，並告到了法院。結果小夥子由於缺乏證據，而被法院判定賠款。好人好事本來應當與讚揚、回報相連，但是在這裡卻與懲罰相連，這種聯繫是錯誤的，也是不和諧的。小夥子也會陷入絕望和痛苦之中。據說，這類事情似乎在生活中常發生吧。」

「現實社會是一個充滿著缺陷的社會，各種關係並不能和諧相處，因此自我綜合的常態是失調和不完美。當你幻想自由的時候，你無時無刻不在枷鎖之中；當你希望長壽的時候，你無法逃避生命的短促。所以我的結論是，自我總是存在於痛苦和絕望之中。」

♥ 無意識的絕望

「按照順序，我首先談談絕望。絕望有三種類型：第一種是無意識的絕望，即認識不到自己處於絕望狀態中的絕望；第二種是在絕望中不要自身的絕望，我也把它叫做『女人式的絕望』；第三種是在絕望中要成為自身的絕望，也稱為『男人式的絕望』。乍看起來似乎有些拗口、

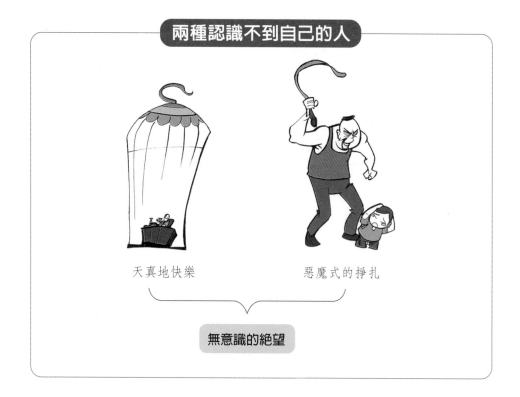

兩種認識不到自己的人

天真地快樂　　　　　惡魔式的掙扎

無意識的絕望

難懂，但是大家仔細聽我講的話，很快就會明白的。」

「關於絕望，首先我要說的第一個問題就是『認識不到自己處於絕望狀態中的絕望』。可能對於很多人來說，絕望是一種遙遠的事情，甚至覺得，只要努力得到自己想要的一切，那麼何來的絕望呢？其實，絕望有時候是很難自知的。」

「有這樣一類人，他們一直以為自己過的生活是美好的、是幸福的，但是他們的幸福卻是自己的自負心所建立起來的，幸福裡面更多的是虛榮心、攀比心和過剩的自尊心，一旦有人站出來說出他們一直是生活在不現實的幸福中時，他們就會大發雷霆。這樣的人就是沒有意識到自己絕望的人，也可以說是天真的人。」

「天真的人是不會絕望的，快樂的人也不會絕望，那麼絕望的人會怎麼樣呢？會自殺？不，還有一類人，他們的絕望是反擊、是報復，那

是絕望度比較極端的人，背負的是『惡魔的絕望』，而這樣的人也是不知道自己絕望的。這類人和罪犯最為相似，殘殺幼兒、虐待老人、姦淫未成年少女等，越是殘忍，越能反映他們心中的絕望程度，這就是惡魔式的絕望。」

「不管是天真地生活在金絲籠中像寵物一樣享受生活的快樂，還是生活在煉獄中掙扎反抗的罪犯，這些人身上都有相同的地方，那就是認識不到真正的自己，而不自知生活在絕望之中。」

「絕望的觀念的確不是一個好東西，有時候更像是一個催命符。當一個因為某事而想自殺的人，一旦產生了絕望的觀念，那麼他的自殺動機就會更高，那是很可怕的。所以，相對於認識不到自己的人的絕望，那只能說是一種『弱絕望』，只要能夠給予他們想要的，滿足他們的要求，他們是會認為自己是幸運的。反之，如

李萍老師知識補充站

無知者沒有畏懼，同樣也無法得救。人貴有自知之明啊！

果得不到的話，他們就會認為自己倒楣，會產生不幸的觀念。因此，可以說，這種絕望是來自於外界因素的，受外界變化因素的干擾，絕望和幸福也是跟著情況的悲喜而左右搖擺，反覆折騰，看似自己是不斷地在獲得，寄託希望於不幸之後的幸福，而實際上，那種渴望幸福的生活從來不曾真正屬於過他們，過著那種生活的他們，也從來沒有真正認識過自己。」

「我曾遇到過很多這樣的人，而你們肯定也會在生活中碰到這樣的人。他們沒有自己的主張，只是被動地追求著自身之外的各種物質，明明知道那是不值得的，但還是軟弱地順從世俗的眼光，不斷更換自己的欲望和條件。其實，這樣的人所產生的絕望來源於他們的軟弱、人性的弱點。自己處於絕望狀態而不自知的人是愚蠢的、無可救藥的。他們永遠也不能擺脫絕望的狀態！」

「聽起來，似乎有些恐怖。如果真的意識到了您所說的那種絕望，那麼估計一大部分人都將陷入絕望之中而不得輕鬆快樂了。」家明同學感慨地說道。

♥ 女人式的絕望

「這個就不說了，下面來說說第二種絕望，『女人式的絕望』。與剛剛說的爲了欲望的目標而絕望不同，這種絕望是以永恆爲目的的。」

「正因爲有了前種絕望裡的短暫性的目標，所以才有了對永恆之物的期待和期望，一旦這種永恆的期待失去的話，人便會陷入絕望。或者說，如果失去了擁有期待永恆的心和想像空間，也就沒有了期望的可能，那麼人就清楚地知道無法繼續期待下去了，這比短暫擁有的期待更加令人失望。」

失戀的絕望

不接受自我的絕望其實就是對自己絕望，如果頑固地走向自閉，可能會導致自殺。

「這時的絕望是不敢面對永恆的自己和短暫的期望，或者說有永恆的期望但是只有短暫的人生，總之就是自我和期望達不到相契合的時機，於是便陷入了絕望。這就和愛情一樣，在愛情裡，誰都希望能夠永遠像最幸福的時候那樣一直幸福下去，期望兩人的感情永遠都像熱戀時那樣濃、那樣熱烈。可是，我們又清楚地意識到我們自己都不可能永恆，因此更不可能期望別人也能永遠不變。所以，一旦失戀後，失戀的人不僅會討厭對方，也會討厭自己，不會道歉，反而還會憎恨對方。人在這樣的絕望裡不僅失去了自己，還會清醒地認識到自己不僅因為一次失戀而改變了什麼、失去了什麼，而且更明確地知道自己曾經所想像和期待的永恆的幸福也失去了。」

「如此，絕望的人其實鬥爭的對手還有自己，如果越陷越深，則更不肯面對自己，不敢接受如此絕望的自己和人生，那麼便會走向自閉，用壓抑這種絕望的方法走向孤獨。從本質上講，這種人認識到了自己的絕望，並在絕望中喪失了自己，墮落了下來，所以我把它叫做『在絕望中不要自身的絕望』。」

「哦，我知道了，那樣的絕望其實就是對自己絕望，而不是對自身以外的各種欲望而絕望了，那是非常危險的，如果無法走出去的話，後果應該就是自殺了。」小米突然說道。

「沒錯，習慣孤獨地承受的人是非常頑固的，如果一直頑固下去就可能產生自殺的心理。可是，一旦他們向朋友敞開心扉，說出心中的苦悶，可能緊張感會得到消除，但也可能會有因為洩露了自己的祕密而導致新的

齊克果老師的話

因為絕望，所以必須生存下去。

絕望的因子產生，這就是人心的複雜。不過，這種絕望通常都發生在女性身上，也正是因為這樣，我又把這種絕望稱作『女人式的絕望』。」

♥ 男人式的絕望

「我猜，肯定還有『男人的絕望』吧！」這時，余意同學突然說道。

「呵呵，的確如此。相較於女人，我們都知道，男人的事業心通常都是比較重的，每一個男人都迫切地想要證明自己，成為自己夢想的人。同樣地，忍受困難和痛苦的決心一般也比女人要強得多，所以我下面要說的『在絕望中要成為自身的絕望』，也叫『男人式的絕望』，也要比剛剛所講的女性的絕望更加頑固。」

「『在絕望中要成為自身的絕望』是一種最高級的絕望，這種人深知他們處在無盡的痛苦和絕望之中。他們知道自己的渺小與不足，知道自己的各種理想意志和衝動與現實的必然性處於對立、不協調的關係之上。他們洞悉世間的各種悖論和扭曲，認為愛情、智慧、淡泊等美好事物和高貴品質變得一文不值，金錢、名利、權勢成了衡量個人成就大小的唯一標準。他們也明瞭這種誤解和衝突，比如說：當我們想成為一個獨立的人的時候，有些人卻認為我們很冷漠、很孤傲；當我們想要致富的時候，卻被人誇大為貪圖富貴、勢利小人；當我們想贏得上司賞識從而一展宏圖的時候，卻被別人曲解為逢迎諂媚、卑鄙無恥等。」

李萍老師知識補充站

齊克果對人們生存狀態的揭示有其深刻之處。但是他說人在日常生活中永遠處於痛苦和絕望之中，這是我所不能接受的。他給出的投身上帝，回歸於孤獨的存在個體的解決之道，更是反現實和充滿神祕色彩的。

「這種深處絕望的人的可貴之處在於他們並沒有在絕望中放棄自己，而是努力著堅守自己、保存自己。他們明知這樣非常困難，甚至被現實弄得頭破血流，但是依舊不願放棄。他們是最絕望的人，也是最有可能得救的人。」

「『選擇做自己』是一種奢侈，即使是帶著絕望也還是會一直堅持下去，即使是一直絕望著走下去，也還是不會接受他人的救贖。他人

做自己的難處

真不識趣，這人不好相處。

我希望自己能試著獨立完成，謝謝你的好意。

逢迎諂媚有心計！

想要做自己怎麼那麼難？

貪圖財富的勢利小人！

為了您我一定要富有，讓您過上好日子，讓您享福。

「外貌協會」的人，貪圖美色！

我是真心喜歡你的。

的安慰，只會顯得自己更加頹廢而已，那是與做自己的初衷相悖的。所以，我的觀點是，我寧願選擇『在絕望中要成爲自身的絕望』。在這種狀態下，上帝會給我們以慰藉。當我們投身於宗教之中，獨自生存在世界之中、獨自面對上帝的時候，我們就能找到自我存在的根基，成爲一個眞正的本眞的自我，成爲一個孤獨的存在個體，從而也就擺脫了絕望。」

　　說到這兒，齊克果老師拿起了那本無名書和自己的舊雨傘一步一步地走出了教室，連聲道別的話都沒有說，留下一個孤獨和寂寞的背影。

齊克果老師推薦的參考書

　　《非此即彼》齊克果著。這本書最初出版於1843年，是齊克果正式出版的第一部作品。該書出版後，曾在哥本哈根城引起很大的反響。但到20世紀，才在歐洲大陸流傳起來。這本書的上卷論述美學，下卷探討倫理的安排，也是齊克果正式提出其著名的「人生三階段理論」的開始。

　　《致死之病》齊克果著。在這本書中，齊克果認為絕望是不接受自己不想要的自我或固執於現狀的自我、最終「失去自我」的過程，他認為絕望的人不一定知道自己絕望，也不一定感到痛苦。他認為信仰是脫離絕望的唯一方式，選擇信仰也就是實現自我的唯一出路。

　　《恐懼與顫慄》齊克果著。這是齊克果非常重要的一本關於神學思想的著作。這本書是從理論的層面來談焦慮的問題。齊克果將焦慮分為兩大類來講述，第一種與墮落學說相聯繫，其分為兩方面：一方面，是無法實現的焦慮，因為受到限制，而有不能實現自己的焦慮；另一方面，是想要實現自己和害怕實現自己的雙重焦慮。第二種是墮落之後有另一種焦慮，會產生內疚，內疚帶來焦慮，焦慮的極限即失望的過程。

第十八堂課

費爾巴哈老師主講「異化」

神是人造的，宗教裡的神就是人的本質的異化。

路德維希・安德列斯・費爾巴哈（Ludwig Andreas Feuerbach，1804—1872）

德國哲學家，少年時他就對黑格爾的哲學感興趣，不顧父親的反對，到柏林跟黑格爾學習哲學，並成為「青年黑格爾學派」的成員。他揭示了基督教和神學，以及黑格爾哲學的「異化」構造，並對馬克思等人的思想產生了深遠的影響，是哲學史上非常有影響力的人物。其主要著作有《基督教的本質》、《上帝、自由和不朽》、《神統》和《黑格爾哲學的批判》等。

　　今天是最後一天了，所有人在進入教室的那一刻都注意到了這則消息——黑板上清楚地寫著「今天之後，哲學課堂將停止授課」，雖然大家都明白哲學課堂已經不會維持太久了，但是，大家還是感到吃驚，沒想到，這麼快就要結束了。

　　而林夏似乎並沒有太在意這個消息，因為，此時她滿腦子想的都是剛剛見到的情形——又見到了那位和杜甫非常相似的先生。雖然林夏不敢肯定，也不相信杜甫是真的穿越了，但是，這些真真切切地來授課的哲學大師們的蹤跡不得不令林夏相信，那絕對是可能的。所以，林夏更加肯定，剛剛自己所見到的那位先生就是第一次來上課時所見到的先生，也就是最近的網路紅人——杜甫。想到這兒，林夏不禁笑了笑：是或不是又有什麼關係呢？大不了就當作自己做了一場夢或者是也玩了一趟穿越！

❤ 是人創造了神還是神創造了人

　　「今天我原本不想限定自己的主題，我想跟大家聊天，自由地聊天，聊到哪裡就是哪裡，那樣應該是一種很不錯的體驗。不過，主辦人還是要求我盡量能夠突出一個重點，也不至於干擾了大家的思維。所以，我最終考慮了一番，決定將今天的主題定為『異化』。我想這個主題應該很吸引人，而且，你們一向比較看重的馬克思老師也跟我們的異化思想產生過交集。希望我的自作主張不會造成你們的困擾。」

李萍老師知識補充站

> 異化指的是原本屬於自己的東西被生產或抽象出來，反而與自己對立，壓迫和奴役自己。比如說，上帝是人創造出來的，但是到後來它卻奴役和統治著人，這就是典型的異化。

　　「哦，還有一件重要的事情，忘了介紹我自己了。我是費爾巴哈，就是馬克思所寫的《關於費爾巴哈的提綱》裡的那個費爾巴哈。不過，那可不是在誇我、讚頌我，而是在批評我，但我還是很高興，能得到他的批評

也不是一件壞事。」

「首先，我想跟大家談談關於宗教的問題。在西方，宗教有著非常久遠和深厚的歷史，在當時的那個時代，宗教的地位和作用以及力量超乎你們的想像，而且幾乎可以說是生命的一部分。所以，我還是想來說說我的宗教主義。」

「如果搜集過我的資料，你們應該會發現我有這樣的一個頭銜 ──『德國哲學史上第一個自覺地、公開地與基督教徹底決裂的資產階級思想家，完成了德國資產階級對傳統宗教的批判』。對，沒錯，我是一個批判基督教的思想家，但是這並不代表我是一個沒有信仰的人，這是一個比較複雜的問題。」

「對於基督教的批判我主要是從三個角度進行的：第一，我指出人創造了上帝，而不是上帝創造了人，上帝是人們按照自己的本質幻想出來的；人對上帝的崇拜，實際上就是對人的本質的崇拜，對英雄主義的崇拜。第二，我揭露了宗教產生的認識根源，指出了宗教產生的基礎

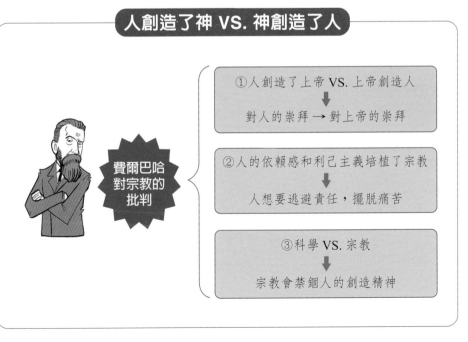

人創造了神 VS. 神創造了人

費爾巴哈
對宗教的
批判

①人創造了上帝 VS. 上帝創造人
→
對人的崇拜 → 對上帝的崇拜

②人的依賴感和利己主義培植了宗教
→
人想要逃避責任，擺脫痛苦

③科學 VS. 宗教
→
宗教會禁錮人的創造精神

是人的依賴感和利己主義。因為，人都想要逃避罪責、逃避懲罰，擺脫痛苦而不幸的命運，於是為了自己便投靠上帝，希望從宗教那裡得到解脫，洗刷罪孽並減輕痛苦。第三，我揭露了宗教的反社會作用，指出宗教是科學的死敵。這一點是非常明顯的，也是我一直堅持的最重要的一點，我認為宗教就是一種枷鎖，禁錮了人的創造精神和思想。人愚昧地相信和依賴宗教，甚至連自我都失去了，這在我當時所處的時代是非常普遍的現象。所以，我極力地反對基督教。」

「關於第一點，我想你們應該更容易接受，你們心中應該也有神明的形象，即使不相信，但是當問及『神』的概念時，你們的腦海中一定也是有的吧。」

「當然，我腦海裡的神的概念就是生活在天上的神仙。」小米搶先說道。

「那麼你們的神論中，認為人是從哪裡來的呢？」費爾巴哈老師繼續問道。

「人是從哪裡來的？哦，想起來了，是女媧娘娘造的。女媧娘娘用泥巴捏出了人。」小米激動地回答道。

「原來是女媧娘娘，這和我們的上帝造人說非常相似。不過，我還是要說『神創造了人』的說法是錯誤的。在《基督教的本質》一書中，我說過，人就是我的思考對象，而宗教只能歸結為對無限的認識。宗教不過是對於知覺的無限性的認識；或者說，在對無限的認識中，有意識的主體以其自身本能的無限性作為認識的對象。也就是說，上帝不過是人的內在本性的向外投射。而且我認為，把上帝看成是離開人的存在而存在，會使人相信啟示和奇蹟，損壞和消除人類的最重要的感覺，及對真理的追求。故此，我認為基督教的上帝只是一個幻象，實際上是人創造了神，人會在不同的場合有不同的想法，做不同的事情，最後，人會忘記哪個是真正的自己，把自己給分裂了，這樣的人用自己的本質的投影創造了神。」

造神的過程

　　在費爾巴哈看來，神就是肉體化、現實化的人的願望，人把自己的本質，包括理性、意識，分離出去的過程，其實就是人類造神的過程。所以說，人的本質表現就是神，神所具備的超能、全能，其實就是人的理性和意志無限擴張的結果。

對自然的畏懼

對自然的依賴

克服對自然的依賴而超越自然

把超越自然的力量從人體分離出來，形成了神的形象

♥ 人類如何造神

「關於『人創造神』的理論，我想我必須要跟大家細細地說一說。首先，宗教產生的心理根源其實就是人類的依賴感，人對宗教的心理依賴或者說是對神的依賴，這個依賴是從何而來的呢？答案就是自然。人所依賴的，人所自覺和自知依賴的就是自然界，就是感官的對象。現在，你們生活在現代化社會，對自然的認識和利用遠遠超出了自然的力量，對自然的依賴性也在降低，但是，你們想像一下，在原始社會時，自然在人們心目中的形象既有畏懼又有崇拜，既有依賴又有恐懼，因為那時候，人類既要依賴自然，更要時刻提防自然界的可怕災難。所以說，對自然的依賴、對宗教的依賴，最初還是來自於人類的一種畏懼心理。」

「人一方面對自然產生依賴感，產生對自然的崇拜心理，但另一方面，人又為了克服對自然的依賴感而設想自己的力量能夠達到和自然相等，甚至是超過自然。試想，一個人已經明確地知道了某個對象會給自己帶來災難，那麼他首先想到的，當然是想方設法地去超越對方。所以，這樣一來，人就被神化了，人把超越自然的人的力量賦予在了神的身上。神無非就是人的神性，人把超越自然的力量神化之後再將其分離出去，使它成為一個獨立的精神實體。在我看來，神就是肉體化、現實化的人的願望，人透過把自己的本質，包括理性、意識，分離出去的過程，其實就是人類造神的過程。所以說，人的本質表現就是神，神所具備的超能、全能，其實就是人的理性和意志無限擴張的結果，對無限本質的意識，不外乎就是人對自己的無限性的意識。而這一點，在宗教所宣揚的行善才能得到救贖的觀念就是最好的證明。」

「宗教總是宣稱行善才能逃避痛苦，才能在遇到困難時得到奇蹟的救贖，而這種奇蹟其實就是人的願望的一種歪曲反映，是一個被實現了的超自然主義的願望。因此，可以說，宗教既是人的自然觀，也是人的自我觀，宗教就是人最初的、幼稚的、民間的，但又是拘泥的、不自由的自然觀和自我觀。」

李萍老師知識補充站

人要是全知全善全能的，那麼神靈和宗教就不會產生。不知大家能否理解這一點呢？

「不過，宗教也存在於矛盾之中。因為自然的神性是宗教的基礎，人的神性又是宗教的最終目的，而人既敬畏自然又想擺脫對自然的依賴。」

「宗教的前提是意志與能力之間、願望與獲得之間、目的與結果之間、想像與實際之間、思想與存在之間的對立或矛盾。在意志、願望、想像之中，人是一個不受限制的、自由的、無所不能的東西──神；但是在能力、獲得和實際中，則又是一個有條件的、有所依賴的、有限制的東西──人，一個在有限制的、與神相反的實體意義之下的人。」

♥ 人的本質究竟是什麼

「那麼，您說了這麼多哲學的問題，這和『異化』的主題有什麼關係呢？」余意同學不解地問道。但是，還沒等費爾巴哈老師回答，家明同學已經搶先說道：「你自己不會思考嗎？老師剛剛說了那麼多，其實就是宗教裡的人的異化狀態。我說的對不對，老師？」

「呵呵，這位同學說得非常正確。在基督教中，人類把自己的全部本質都異化了，這就是我一直在說明的問題。那麼，被異化為神性的人的本質到底是什麼呢？」

「對於這個問題，我曾從生物學和生理學的角度出發，指出人的本質是維持人類生命的空氣、食物、水分等物質，有時候也說人的存在和生命就是人的本質。這些其實就是為了強調人作為一個有血有肉的實體存在，與虛幻的、想像構成的神和上帝是不同的、對立的。」

「不過，另一方面，我從人的心理學方面又有新的人的本質的釋義，在我的《基督教的本質》一書中，我說過，人自己意識到的人的本

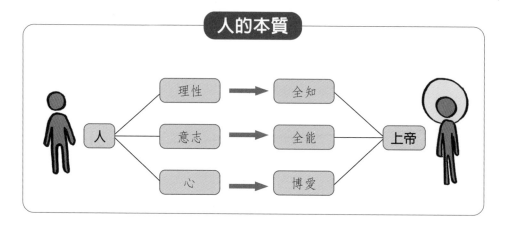

質,或者說人裡面形成類,即形成本來的人性的東西就是理性、意志和心。一個完善的人,必然具備思維能力、意志力和心力。思維能力就是認識之光,意志力就是品行的能力,心力則是愛。理性、愛與意志力結合,這就是完善性,這就是最高的力,這就是人的絕對本質,和人生存的目的。」

「說到這裡,你們應該就想到了,上帝恰恰就是同時擁有全知、全能、博愛的統一體,知就是理性,能就是意志,博愛就是心。所以,上帝身上的代表性特徵無非就是人身上所具備的東西,只不過差別在於,現實中存在於人身上的理性、意志和心是有限的,而透過人的想像力的構造和幻想,人身上的那些有限性就被無限地擴張,最後集中於上帝的身上。因此,我得出了這樣的結論:代表全知、全能、博愛的完美形象——上帝,其全知、全能、博愛其實就是來自於人的理性、意志和心。」

♥ 被異化的「愛」

「有這樣一種東西,它是人與生俱來的東西,但是,在現實中,人們執著於自己的利益和欲望,沒有把它付諸實際行動之中,而它是人的

本質之一。這個東西就是『愛』。人們把自己愛的本質當作神來頂禮膜
拜。」

「這種對神的膜拜其實就是一種異化，人的本質的異化。異化就是
如此容易，本來是屬於人內部的東西，卻被投影為自身之外的東西──

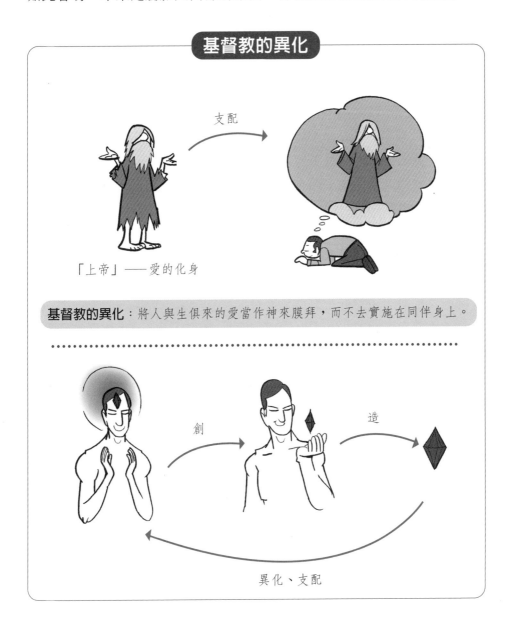

基督教的異化

「上帝」──愛的化身

基督教的異化：將人與生俱來的愛當作神來膜拜，而不去實施在同伴身上。

創

造

異化、支配

神，然後又被自身投影外的東西所支配，這不是異化又是什麼呢？」

「類似這種異化的情況，在黑格爾的哲學中也存在著。黑格爾所提倡的那種絕對精神，太過強大和抽象，他認爲自然和人都是絕對精神的產物，反而看不到現實裡的有血有肉的身影，而是把神創造自然這一神學的觀點以合理的形式表現出來而已。換句話說，絕對精神來源於人的精神的外部投影，但卻創造並支配著人類，等同於異化。」

「所以，我要揭示出這種隱形的異化，我要把哲學的構想建立在有血有肉的人的立場上來，而不是類似那種絕對精神似的抽象、虛幻的東西。那麼，如何來改變這種異化呢？」

「在我看來，用對人的愛來取代對神的愛，就可以揚棄宗教。一個人只要愛上上帝，他就不能夠再愛人，他會對人間一切失去興趣，反之亦然。一個人只要愛上的是人，眞正從心裡愛上了人，那麼他就不再愛上帝，不再能夠拿自己熱呼呼的鮮血徒然地在一個無限的、無對象性的、與現實相對立的虛空的空間中蒸發掉。」

「因此，我要建立一種愛的宗教，用愛的宗教代替神的宗教，用道德意義上的世界秩序來代替神學意義上的世界秩序。我要讓人類從神學家變爲人學家，從愛神者變爲愛人者，也就是從神的朋友轉變爲人的朋友，從信仰者轉變爲思想者，從祈禱者轉變爲勞動者，從彼世的候補者轉變爲今世的研究者，從基督教徒轉變爲完全的人，僅此而已。」

「好了，以上便是我今天所講的內容，希望能夠給大家留下更多美好的回味，如果說得太過深奧令大家很難理解，很抱歉，那不是我的初衷。那麼，最後說一句『再見了』。」

說完這些話，費爾巴哈老師便大步邁出了教室，全場突然陷入了一片沉寂，不過也只是停留了幾秒鐘，很快大家便各自收拾起自己的東西，像往常一樣出門、坐車、回家，彷彿大家約好了似的，全都避開談論這剛剛結束的哲學課堂，是不願面對還是覺得沒有提及的必要？但林夏卻很平靜，對她而言，和哲學課堂的偶然相遇已經是一件很幸運的事情了，人不要苛求太多，而且，林夏相信，這不會是結束……

費爾巴哈老師推薦的參考書

《**基督教的本質**》費爾巴哈著。本書是費爾巴哈的一部宗教哲學著作，1841年在萊比錫首次出版。全書分三部分：概述人和宗教的本質；論述宗教的人本學本質；批判宗教的神學本質。在這部著作中，費爾巴哈從人本學唯物主義的立場出發，闡明了宗教神學的祕密，認為它實質上是人本學；分析批判了基督教及神學，批駁了黑格爾思辨哲學關於基督教的錯誤觀點。

《**黑格爾哲學的批判**》費爾巴哈著。本書是費爾巴哈的一篇著名哲學論文。文中提出人是自然的產物，回到自然，過順應自然的生活是人的幸福所在；哲學的最高原則是人的本質，為人本學的繼續闡發奠立了基礎。這篇論文一向被看作是費爾巴哈與黑格爾唯心主義最後決裂，及其世界觀由唯心主義轉變到唯物主義的標誌。

結　語

　　18天的課程就這樣悄無聲息地過去了，周圍的一切沒有任何改變，林夏盡可能地讓自己表現得非常平靜，但還是無法恢復往常的生活。因為她知道有些東西正在逐漸地改變，原本她也不相信這18天所發生的事情是真實的，但是筆記上那些跳躍的文字時刻提醒著她：「一切都是真的！」於是，林夏毅然地走向主編辦公室，要求休假，她要去旅遊，要去看那些青山綠水，要去思考生命。

　　其他人也發生了變化。家明同學變得開朗了，雖然無法徹底丟掉一直懷揣著的那些極端的悲觀主義，但他已經試著理解，痛苦就是為了體會甜蜜而存在的，所以，他要努力地去體會幸福、感受生命。余意同學更加「突飛猛進」，毅然辭掉了原來的工作，進入一家小企業，雖然企業不及過去的規模大，但是他很快樂，因為他已經懂得如何讓工作和生活變得平衡。

　　最高興的還是小米了，因為這個哲學課堂，她成了葛老的學生，二人因為共同的愛好——文學，而經常「約會」，而且小米對婚姻的信任也提高了很多，並在葛老的介紹下交了一個陽光善良的男朋友。

　　如此看來，大家的生活都在朝著好的方向發展。

博雅文庫 275

哲學原來這麼有趣：
顛覆傳統教學的18堂哲學課

作　　者：王芳

審 定 者：李萍

發 行 人：楊榮川

總 經 理：楊士清

總 編 輯：楊秀麗

主　　編：侯家嵐

責任編輯：吳瑀芳

文字校對：林芷安

封面設計：姚孝慈

出 版 者：五南圖書出版股份有限公司

地　　址：106臺北市大安區和平東路二段339號4樓

電　　話：（02）2705-5066

傳　　眞：（02）2706-6100

網　　址：https://www.wunan.com.tw

電子郵件：wunan@wunan.com.tw

劃撥帳號：01068953

戶　　名：五南圖書出版股份有限公司

法律顧問：林勝安律師

出版日期：2023年9月初版一刷

定　　價：新臺幣380元

國家圖書館出版品預行編目（CIP）資料

哲學原來這麼有趣 ： 顛覆傳統教學的18堂哲學課 ／
王芳著. -- 初版. -- 臺北市 ： 五南圖書出版股份
有限公司, 2023.09
　面 ； 公分
ISBN 978-626-366-418-0(平裝)

1.CST: 哲學 2.CST: 通俗作品

100　　　　　　　　　　　　　　112012623